Bian Zhu
Wu Pengcheng

武鹏程 ◎ 编著

HAI YANG REN WU

闻名海洋人物
集锦

非凡
海洋
Fei Fan Hai
Yang

 海洋出版社

北京

图书在版编目(CIP)数据

闻名海洋人物集锦 / 武鹏程编著. — 北京：海洋
出版社，2025.1. — ISBN 978-7-5210-1358-0

Ⅰ.K811-49

中国国家版本馆CIP数据核字第2024U37X57号

非 凡 海 洋 大 系

闻名海洋
人物集锦

WENMING HAIYANG
RENWU JIJIN

总 策 划：刘 斌

责任编辑：刘 斌

责任印制：安 淼

排 版：海洋计算机图书输出中心 申彪

出版发行：海洋出版社

地 址：北京市海淀区大慧寺路8号
100081

经 销：新华书店

发 行 部：(010) 62100090

总 编 室：（010）62100034

网 址：www.oceanpress.com.cn

承 印：保定市铭泰达印刷有限公司

版 次：2025年1月第1版
2025年1月第1次印刷

开 本：787mm×1092mm 1/16

印 张：13.75

字 数：354千字

定 价：68.00元

本书如有印、装质量问题可与发行部调换

前　言

　　海洋，广阔浩瀚、深邃神秘，我国古籍有云：海之言，晦昏无所睹，正是因为无所睹，所以人们对海洋充满了好奇和想象。

　　有这样一些人，他们有着无畏的勇气、强壮的身体和海上生存的知识，怀揣对未知海洋的巨大好奇，驾驶着舰船，驶向蔚蓝的那一边……他们寻觅海域陆地、探索海上通道，有汪大渊一样的旅行者；有马可·波罗一样的商人；有德雷克一样的海盗，他们用勇气和汗水，甚至是生命，让我们知道了地球的广袤与多样。

　　有这样一些人，他们凭借海上舰船，发挥己方优势，打击别国舰船，凭借坚船利炮，使国家称霸海上，一次次的海战，一滴滴的鲜血，改变着和推动着人类征服的历史。

　　还有这样一些人，他们有着非凡的智慧，刻苦钻研、努力探索，用知识改变人类征服海洋的步伐，或从木质帆船到铁甲战舰的突进；或从海面到海下的深入，一次次的变革，一点点的进步，都抛洒着他们的热情，抒写着他们对海洋的寻觅。

　　本书节选了大量世界闻名的海洋人物，他们中有海洋探险家、海洋军事人物，也有海洋科学家和其他海洋相关人物，无论是何种身份，他们都在海洋世界中留下了深刻的印记，或多或少地影响了历史的进程，值得我们铭记，也值得我们去探索他们的经历，认知他们的人生，感受他们对蓝色海洋的热爱。

目 录

海洋探险人物

中国历史上东渡第一人　徐福 ·················· 2

历史上第一个到达非洲的中国人　杜环 ·················· 5

民间航海家　汪大渊 ·················· 7

《马可·波罗游记》　马可·波罗 ·················· 10

七下西洋的明代航海家　郑和 ·················· 13

发现好望角　迪亚士 ·················· 17

印度航线开辟者　达·伽马 ·················· 19

发现巴西　佩德罗·阿尔瓦雷斯·卡布拉尔 ·················· 21

德雷克海峡的发现者　弗朗西斯·德雷克 ·················· 24

北美大陆发现者　哥伦布 ·················· 27

环球航行第一人　麦哲伦 ·················· 29

北极探险家　白令 …………………………………… 33

西北航道探险家　亨利·哈得孙 …………………… 35

三下太平洋的航海探险家　詹姆斯·库克 ………… 37

第一个到达南极点的探险家　罗尔德·阿蒙森 …… 40

北极探险家　弗里特约夫·南森 …………………… 42

从未扬帆远航的航海家　恩里克 …………………… 45

被称为海上魔鬼的探险家　查尔斯·威尔克斯 …… 48

第一个成功横渡英吉利海峡的女性

弗洛伦丝·查德威克 ……………………………… 49

北冰洋航道的开拓者　诺登舍尔德 ………………… 50

世界上第一个到达北极的探险家

罗伯特·皮尔里 …………………………………… 51

世界上潜得最深的女人　西尔维娅·厄尔 ………… 52

法国海底万年壁画发现者　亨利·科斯克 ………… 54

海洋最深处的探险勇士　卡梅隆 …………………… 55

格陵兰岛的发现者　埃里克·瑟瓦尔德森 ………… 57

海洋军事人物

铁血大帝　大流士一世 ……………………………… 59

抢夺色雷斯沿海和通往黑海的控制权　莱山德 …… 62

收复台湾成就一生英名　郑成功 …………………… 64

功过是非争议　施琅 ………………………………… 66

世界上最早的装甲船制造者　李舜臣 ……………… 68

南北驱驰报主情，江花边月笑平生　戚继光 ……… 72

从木壳船到铁甲船的推动者　左宗棠 ……………… 76

中日巡洋护卫舰的对决　邓世昌 …………………… 80

勒班陀海战　唐·胡安 ……………………………… 84

俄罗斯海军之父　彼得一世 ………………………… 85

引发七年战争的海军上将　爱德华·博斯科恩 …… 88

成就英国300年海上霸业的海盗　约翰·霍金斯 …… 90

英国皇家海军之魂　霍雷肖·纳尔逊 …………… 93

天才的海军指挥者

德米特里·尼古拉耶维奇·谢尼亚文 …………… 97

英格兰的缔造者　阿尔弗雷德大帝 …………… 99

北海帝国海盗君主　克努特一世 …………… 102

美国海军之父　约翰·保罗·琼斯 …………… 105

西班牙"士兵之父"　圣克鲁斯侯爵 …………… 107

荷兰海军上将　马顿·特罗普 …………… 109

奥斯曼土耳其帝国海军改革者　凯马尔·列伊斯 …… 112

葡萄牙的第一任印度总督　阿尔梅达 …………… 115

美国最早的海军少将　斯蒂芬·德凯特 …………… 117

美国海军特级上将　乔治·杜威 …………… 119

美国第一位海军五星上将　威廉·丹尼尔·莱希 … 120

航母舰队司令　弗兰克·弗莱彻 …………… 123

临危受命指挥莱特湾海战

切斯特·威廉·尼米兹 …………… 125

海军将领中的蛮牛

小威廉·弗雷德里克·哈尔西 …………… 128

地中海的老水手　安德鲁·布朗·坎宁安 …………… 131

马来亚海战　詹姆斯·萨默维尔 …………… 133

英国海军元帅　约翰·科洛宁·托维 …………… 134

第一海务大臣　路易斯·蒙巴顿 …………… 135

狼群战术　卡尔·邓尼茨 …………… 137

德国海军上将　刚瑟·吕特晏斯 …………… 140

北海枭雄　埃里希·雷德尔 …………………… 141

争夺公海制海权

莱茵哈特·卡尔·弗里德里希·冯·舍尔 ………… 144

德国远洋舰队之父　阿尔弗雷德·冯·提尔皮茨 … 146

出师未捷身先死　斯捷潘·奥西波维·马卡洛夫 … 149

另类鬼才　托马斯·科克伦 …………………… 152

硬闯水雷区的海军将领

戴维·格拉斯哥·法拉格特 …………………… 154

晋升最快的将官　戴维·贝蒂 ………………… 155

巨舰大炮时代的启动者

约翰·阿巴斯诺特·费舍尔 …………………… 157

天才军事家

尼古拉·格拉西莫维奇·库兹涅佐夫 …………… 159

海洋科技人物

发明测量海流方法者　富兰克林 ……………… 162

第一艘螺旋桨战舰发明者　约翰·埃里克森 …… 165

挑战深海　奥古斯特·皮卡德 ………………… 167

奥斯曼帝国第一份世界地图　皮里·赖斯 …… 169

第一个航海大数据采集人　马修·方丹·莫里 …… 170

核动力海军之父　海曼·乔治·里科弗 ……… 172

近代海洋学奠基人之一　约翰·默里 ………… 174

大陆漂移学说的创立者　阿尔弗雷德·魏格纳 …… 175

发现"泰坦尼克"号的海洋地质学家

罗伯特·巴拉德 ……………………………… 177

现代水下呼吸器的发明者　雅克·伊夫·库斯托 … 179

"阿尔文"号载人深潜器发明者　哈罗德 …… 181

第一条大西洋海底电缆的铺设者　威廉·汤姆森 … 182

秘鲁寒流的发现者　亚历山大·冯·洪堡 ……… 183

现代潜艇之父　约翰·菲利普·霍兰 ………… 185

世界上第一艘现代气垫船的制作者　**科克莱尔** …… 187

其他海洋人物

《中国印度见闻录》　**苏莱曼** ……………………… 190

济民海上　护佑渔民　**林默** ……………………… 192

西班牙称霸海洋的起点　**伊莎贝拉一世** …………… 196

开创大航海时代的始作俑者

英国女王伊丽莎白一世 …………………………… 198

名扬世界的中国女海盗　**郑一嫂** ………………… 202

诺曼底公国建立者　**罗洛** ………………………… 205

创建世界上第一座海洋博物馆的国王

阿尔贝一世 ………………………………………… 206

《海权论》　**阿尔弗雷德·马汉** …………………… 209

用文字拯救自然　**蕾切尔·卡森** ………………… 210

海洋探险人物

Marine Expedition

中国历史上东渡第一人
徐福

徐福，字君房，齐地琅琊（今江苏赣榆）人，秦著名方士。他博学多才，通晓医学、天文、航海等知识，且同情百姓，乐于助人，故在沿海一带民众中名望颇高。

徐福是鬼谷子的关门弟子。学辟谷、气功、修仙，兼通武术。他出山的时候是秦始皇登基前后。

在秦代，方士很流行。在齐地和燕地，方士很多。战国齐威王、齐宣王、燕昭王时，便有大批齐、燕方士入海求蓬莱仙药。和徐福同时代的方士也有很多，像卢生、韩终、侯公等。

▲ [徐福画像]

在日语中，秦与羽田的发音相同。日本昭和天皇的御弟三笠宫动情地说："徐福是我们日本人的国父。"日本前首相羽田孜先生曾于2002年专程到连云港市赣榆县徐福村祭奠，他多次表示，羽田家族来自中国，祖先是徐福。

第一种说法：为秦始皇寻仙药

徐福作为方士中最著名的一个，为迎合秦始皇长生不老、永做皇帝的梦想，他上书前往渤海中蓬莱、方丈和瀛洲三座神山，为秦始皇寻找长生不老的仙药。据《史记》记载，"齐人徐（福）等上书，言海中有三神山，仙人居之。请得斋戒，与童男女求之。于是遣徐发童男女数千人，入海求仙人"。徐福从家乡的黄河营古港起航，经辽东半岛到朝鲜半岛，最后到达日本的北九州。

第二种说法：为了躲避暴政而移民

因为秦始皇的暴政，一部分人揭竿

▲ [徐福庙东渡起航处]

1991年5月，龙口市人民政府在黄河营古港遗址竖立纪念保护标志，以纪念徐福等人由此起航东渡日本。

▲ [徐福济州岛印迹]

相传徐福曾到过济州岛正房瀑布，离开时留下了"向西回家"之语，所以人们将他离开的渡口称作"西归浦"。此外，在济州岛的正房瀑布峭壁上还发现了齐国刀文，"齐臣徐市，迁王过之"字样。

▲ [徐福日本登陆点]

据说徐福到达日本后，给当地带去了翻天覆地的变化。至今，日本境内还仍保存着不少徐福活动的遗迹，如和歌山县徐福和他的船员七人墓、徐福宫、九州岛佐贺县"徐福上陆地"纪念碑、徐福的石冢、徐福祠等，如今在日本的徐福遗迹不少于 50 处。

而起，另一部分人则消极抵抗，在沿海地区就有很多人向海外移民。徐福是知识分子，他不满秦始皇的暴政，但又无能为力，于是表面上热衷于寻找仙药，实际上是寻找合适的机会移民。《汉书》中说："徐福、韩终之属多赍童男女入海，求神采药。因逃不还，天下怨恨。"唐代诗人汪遵在《咏东海》诗中也写道："漾舟雪浪映花颜，徐福携将竟不还。同作危时避秦客，此行何似武陵滩。"作者把徐福入海不归比作陶渊明《桃花源记》所写的武陵郡渔人避秦乱而移居桃花源之事。

第三种说法：报秦亡齐国之仇

也有人认为徐福东渡是为了报秦亡齐国之仇、消灭族之恨而策划的一次叛离秦始皇恶政统治的行动。

作为中国乃至世界上最早的航海家、探险家，徐福东渡的时间比唐朝鉴真

▲ [日本徐福公园]

东渡日本早900多年，比郑和下西洋早1600多年，比哥伦布发现美洲新大陆早1700多年。

徐福所到之处，将中国先进的造船、航海技术传授给了当地的居民。在日本和韩国，世代传说着徐福教当地人种水稻、凿水井、制造农具，传播医药、纺织等知识的故事。还有日本古代的造船业和航海业，凭借徐福带去的技术帮助，迅速发展起来。

徐福东渡虽然航程不长，但在航海技术和知识非常落后的情况下，无论是在时间、规模、目的、方式上，还是在航海、探险、胆识、精神上，都是郑和、哥伦布所不能比拟的。作为世界航海史上的伟大先驱和开拓者，徐福把中华民族认识海洋、驾驭海洋的历史向前推进了十几个世纪，为世界文明和航海事业的发展做出了无与伦比的贡献。

▲ ［徐福庙墓］

▲ ［徐福庙］

徐福出海采仙药之后，音信全无，最终一去不返。乡亲们为了纪念他，把他出生的村庄改为"徐福村"，并在村北建了一座"徐福庙"。后来，有徐福在日本的平原、广泽为王之说。

日本古籍《神皇正统记》上说："四十五年乙卯，秦始皇即位。始皇好神仙，求长生不死之药于日本，日本欲得彼国之五帝三王遗书，始皇乃悉送之。"

我国香港学者卫挺生教授在香港出版的《徐福入日本建国考》一书中证明"秦代使者徐福就是日本开国第一代天皇神武"。

我国台湾学者彭双松于1973年出版的《徐福即神武天皇》书中，用了大量资料证明并论证了"徐福即神武天皇"的观点。

历史上第一个到达非洲的中国人

杜环

杜环，我国唐代旅行家，早在1300多年前，他创造了我国历史上多个第一，像历史上第一个有名可指、有史可查的到达非洲的中国人；历史上第一个将西亚、北非贯通游历并记载成书的中国人。

杜环，又名杜还，生卒年不详，但是明确地知道他生活在唐代，他的出生地也不详，但却知道他游历过西亚、北非等地，从某种意义上讲，他是我国历史上第一个以一己之力践行"一带一路"的旅行家。

▲ [杜环]

以战俘身份归国

公元750年，在唐玄宗李隆基的统治时期，大唐国力强盛，但中东的阿拉伯帝国也在迅速崛起。

自古汉民族就不会因"扩张"而大举征伐，再加上唐军主力这个时期正在青海与吐蕃国交战，无暇顾及西域，阿拉伯帝国影响力慢慢地体现出来，西域诸国受其侵扰，于是不少国家向唐朝求援。起初唐朝并不以为意，直到"石国事件"的发生，才把战火燃烧起来。

公元750年，唐朝统治者以西域藩国石国"无藩臣礼"为由，由唐安西节度使高仙芝领兵征讨，起初高仙芝大胜，但后来在怛罗斯之战中大败。

此役唐军损失惨重，两万安西精锐部队几乎全军覆没，只有千余人得以生还，阵亡和被俘各自近半，而杜环正是俘虏中的一位。杜环作为战俘被送到库法（伊拉克南部古城，位于幼发拉底河支流欣迪亚赫河岸），不过阿拉伯人不但未限制其行动自由，还让他与军团随行，并参与了几次军事行动，均取得胜利。杜环也得以随军团周游西亚，并随之游历埃及、苏丹以及埃塞俄比亚的摩邻国。

拔汗那国，中亚古国。在锡尔河中游谷地，今吉尔吉斯斯坦费尔干纳地区。汉代称大宛。中国古籍又作破洛那或钹汗。都西鞬城（今纳曼干）。

康国是古代中亚民族国家。西汉时康国称康居国，位于锡尔河至阿姆河之间，国王的祖先是月氏人。月氏人原住在祁连山北昭武城（甘肃高台县境），被匈奴人压迫，向西迁徙。西汉时康居与大月氏本是两个游牧民族，成为隋唐时的康国。

师子国，又称拟师子国，为斯里兰卡的古称。在中国古代是南亚属国。

波斯帝国是位于西亚伊朗高原地区以古波斯人为中心形成的君主制帝国，始于公元前550年居鲁士大帝开创的阿契美尼德王朝，终于1935年巴列维王朝礼萨·汗改国名为伊朗。历史上波斯人曾建立过多个帝国，如阿契美尼德王朝、萨珊王朝、萨曼王朝、萨非王朝、恺加王朝等。全盛时期领土东起印度河平原、帕米尔高原，南抵埃及、利比亚，西至小亚细亚、巴尔干半岛，北达高加索山脉、咸海。波斯兴起于伊朗高原的西南部。

碎叶：碎叶城是唐朝在西域设的重镇，是中国历代王朝在西部地区设防最远的一座边陲城市，也是丝路上一个重要城镇，是著名诗人李白的出生地。它与龟兹、疏勒、于阗并称为唐代"安西四镇"。

石国，西域古国，昭武九国之一。位于中亚，现在的乌兹别克斯坦共和国首都塔什干市，唐代此地有九个君主均为姓昭武的国家，称昭武九国，石国为其中之一。

大食，原为一伊朗部族之称，后为中国唐宋时期对阿拉伯人、阿拉伯帝国的专称和对阿拉伯的泛称。按其民族服装颜色分白衣大食、黑衣大食、绿衣大食三种。

杜环的《经行记》提到的"开脑出虫"，实际上就是开颅手术，当时也称"穿颅术"，是指打开颅骨摘除肿瘤或施行其他与脑部相关的手术等。事实上，在杜环亲眼看见阿拉伯医术之前100年，早在唐太宗贞观年间（627—649年），这种"穿颅术"就已经传入我国。

《经行记》

归国之后，杜环又曾游历西亚、北非，历时达十余年之久，公元762年，他乘船回国，写成《经行记》一书，详细记载此次历时十余年横跨亚非的旅行见闻。

据考证，《经行记》是中国最早记载阿拉伯世界风貌和中国工匠在西亚及北非传播生产技术的古籍，还记录了亚非若干国家的历史、地理、物产和风俗人情。

《经行记》中逐一记载了拔汗那国、康国、师子国、波斯帝国、碎叶、石国、大食等国的地理环境、山川河流、土产风物、生活风俗、宗教、节日娱乐等诸方面的情况，为后世研究这些国家的历史文化提供了极为珍贵的原始资料。

《经行记》还记载了阿拉伯地区高度发达的医学，杜环对"西医"的外科手术大感神奇。当时阿拉伯的医学中心在埃及和叙利亚，阿拉伯医士充分学习和借鉴拜占庭医学，将欧洲医学与本土实情相结合，形成了一套行之有效的阿拉伯医学体系。杜环称这些阿拉伯医士"善医眼及痢，或未病先见，或开脑出虫"。

但可惜的是，该书久已失传，只有杜佑的《通典》（801年成书）曾引用此书，遂有1500余字"残本"保留至今。即便如此，流传下来的这1500余字的记载，也成为研究中西地理交通史与文化交流史的重要史料，颇受学者重视。

民间航海家
汪大渊

汪大渊，字焕章，"焕章"二字或许取自《论语·泰伯》中"焕乎其有文章"一语。遗憾的是，名字虽然流传下来，但名字的主人却生平事迹不详。汪大渊作为民间航海家，其个人的经历难入古代官史。不过，他的《岛夷志略》被《四库全书》收录，这给后人研究中国古代的航海事业提供了难得的素材。

在探索海洋方面，中国古代是走在世界前列的，《新唐书》记载的"广州通海夷道"远至非洲。当然，最有名的是郑和七次下西洋，《郑和航海图》是世界上现存最早的航海图集，其中明确标明了南沙群岛（万生石塘屿）、西沙群岛（石塘）、东中沙群岛（石星石塘）。不过，鲜为人知的是，在郑和之前，元代还有个叫汪大渊的航海家，他写了一本书，名叫《岛夷志略》，记载了他在海外游历的见闻，其中就包括菲律宾，还包括现在的澳大利亚。

▲ [民间航海家汪大渊]

◀ [泉州古建筑物——古代海上丝绸之路印迹]
泉州不仅是古代海上丝绸之路的起点城市，还是宋元时期海、陆丝绸之路文化的交汇点。开元寺大雄宝殿后回廊的这对印度教风格石柱，正是古代海上丝绸之路的印迹。

将军渡口波连波

汪大渊是江西南昌人，其出生地尚存一首排工们的号子《南昌城南掌故多》：

"南昌城南掌故多，将军渡口波连波嘿；象湖源上风光好哟嗬，施家尧去划龙舟来嘿；王老丞相来迎接哟嗬，相府千金坐花楼罗嘿。汪家垄住航海客哟嗬，漂洋过海到夷洲罗嘿！"

汪大渊名列中国航海史、中西交通史等领域，是中国地理学史上的地理学家，也是航海家。西方学者称他为"东方的马可·波罗"。

被外国风情吸引

青年时期的汪大渊曾游历了当时中国南方最大的商港，也是世界最大商港之一的泉州。在泉州，他看到了各种肤色和操各种语言的人们，摩肩接踵；琳琅满目的中西货物，堆积如山；港湾里停泊着来自世界各地的各种各样的船只，特别是那些外国商人、水手所讲的外国风情，深深地吸引了汪大渊，后来促成了他两度远洋航行的壮举。

两次从泉州港出海

元文宗至顺元年（1330年），年仅20岁的汪大渊搭乘泉州远洋商船，从泉州港出海了，一直到元统二年（1334年）夏秋间才返回泉州，这次航行他从泉州经海南岛、占城、马六甲、爪哇、苏门答腊、缅甸、印度、波斯、埃及，再横

《岛夷志略》分为100条，其中99条为其亲历，涉及国家和地区达220余个，对研究元代中西交通和海道诸国历史、地理有重要参考价值，引起世界重视。1867年以后，西方许多学者研究该书，并将其译成多种文字流传，公认其对世界历史、地理的伟大贡献。

汪大渊记载当时澳大利亚人的情况：有的"男女异形，不织不衣，以鸟羽掩身，食无烟火，惟有茹毛饮血，巢居穴处而已"。

在《岛夷志略》中有两节详细记载了澳大利亚的风土、物产，应该是见著于世的关于澳大利亚最早的文字记载。可是西方学者却不敢承认汪大渊到过澳大利亚，因为在汪大渊到澳大利亚后近200年，欧洲人才知道世界上有这一大陆。

《岛夷志略》中间对我国台湾山地食人族的一段恐怖记录：田土湿润而肥沃，适宜耕作种植。气候温暖，风俗与澎湖不太一样。水里没有舟船，乘木筏渡河。男人女人都是卷发，以花布为衫。煮海水为盐，酿甘蔗浆为酒。以酋长为部落首领，父子骨肉之间很重情义，其他部落人来侵犯，则"生割其肉以啖之，取其头悬木杆"。

▲ ［澳大利亚鹤］

《岛夷志略》中记载有一种灰毛、红嘴、红腿、会跳舞、身高2米的澳大利亚鹤，"闻人拍掌，则耸翼而舞，其仪容可观，亦异物也"。

渡地中海到西北非洲的摩洛哥，再回到埃及，出红海到索马里，折向南直到莫桑比克，再横渡印度洋回到斯里兰卡、苏门答腊、爪哇，再到澳大利亚，从澳大利亚到加里曼丹岛，又经菲律宾群岛，最后返回泉州。

元惠宗至元三年（1337年），汪大渊第二次从泉州出航，游历南洋群岛、印度洋西面的阿拉伯海、波斯湾、红海、地中海、莫桑比克海峡及澳大利亚各地，两年后才返回泉州。

汪大渊的海上旅程，或许和同时代千百位在海浪中谋生的海商没什么本质区别。不同的是，汪大渊怀着不同寻常的好奇心，用文字记录下各种见闻。于是，汪大渊远航回国后，便着手编写《岛夷志略》，把两次航海所见闻的各国社会经济、奇风异俗记录成章，作为资料保存下来。他的《岛夷志略》充满了"可怪、

盔犀鸟

盔犀鸟头工艺品

▲ [《岛夷志略》中记载的鹤顶红]

史料中，最早出现"鹤顶"一词，是元末汪大渊的《岛夷志略》。鹤顶红的原材料。

顶级的文玩古董中有一种"鹤顶红"，其宽仅寸余，外红内黄，质地似象牙而更细致，多作为各种小雕饰，公认为古玩中的奇珍。其实为一种目前已濒临绝种鸟类的头胄部分，这种鸟就是"盔犀鸟"，确切地说是盔犀鸟的头骨，如今的文玩界也称其为"原红"或"鹤顶红"。

公鸟头颈肌肤裸露，呈红色。头胄中后部外表鲜红，前部与喙为黄色。母鸟颈为淡蓝色，头胄小，颜色亦较淡。所谓鹤顶，就是其公鸟的头胄。

在《岛夷志略》中记载了台湾、澎湖是我国的神圣领土，当时台湾属澎湖，澎湖属泉州晋江县，盐课、税收归晋江县。书中多处记载了华侨在海外的情况，例如：泉州吴姓商人居住于古里地闷（今帝汶岛）；元朝出征爪哇部队有一部分官兵仍留在勾栏山（今格兰岛）；在沙里八丹（今印度东岸的讷加帕塔姆），有中国人在1267年建的中国式砖塔，上刻汉字"咸淳三年八月华工"；真腊国（今柬埔寨）有唐人；渤泥（今加里曼丹岛上坤甸）"尤敬爱唐人"；龙牙门（今新加坡）"男女兼中国人居"；马鲁涧（今伊朗西北部的马腊格）的酋长，是中国临漳人，姓陈；等等。

可愕、可鄙、可笑之事"。汪大渊自称这些事情："皆身所游览，耳目所亲见。传说之事，则不载焉。"但《岛夷志略》一书却在元末兵乱中大部分散佚，明朝后终于失传。该书被今人评为影响中国的100本书之一。

《马可·波罗游记》
马可·波罗

马可·波罗是世界著名旅行家和商人。早在我国元朝时期，他就来到中国，并在中国游历了 17 年，《马可·波罗游记》是欧洲人撰写的第一部详尽描绘中国历史、文化和艺术的游记。

▲ [身着鞑靼服装的马可·波罗]

马可·波罗在 1254 年生于威尼斯一个商人家庭，在他小的时候，他的父亲和叔叔到东方经商，来到元大都并朝见过蒙古帝国的忽必烈大汗，还带回了大汗给罗马教皇的信。他们回家后，小马可·波罗天天缠着他们讲在东方旅行时的故事。这些故事引起了小马可·波罗的浓厚兴趣，使他下定决心要跟父亲和叔叔到中国去。

1271 年，马可·波罗 17 岁时，父亲和叔叔拿着教皇的复信和礼品，带领马可·波罗与十几位旅伴一起向东方进发了。他们从威尼斯进入地中海，然后横渡黑海，经过两河流域来到中东古城巴格达，从这里航行到波斯湾的出海口，再乘船驶向中国。

《马可·波罗游记》

马可·波罗在中国游历了 17 年，曾访问当时中国的许多古城，甚至抵达过西南部的云南和东南地区。回到威尼斯后，马可·波罗在一次威尼斯与热那亚的海战中被俘。在牢狱里，马可·波罗口述旅行经历，由鲁斯蒂谦记录，撰写

▲ [哥伦布翻译马可·波罗的拉丁文版手稿]

了著名的《马可·波罗游记》。这本书别名《马可·波罗行纪》或《东方见闻录》，书中记叙了马可·波罗在东方最富有的国度——中国的见闻。

在《马可·波罗游记》中，马可·波罗描绘了中国高度发达的经济、科技和文明，远远超越西方的社会发展程度，让欧洲人觉得难以想象，几乎就是天方夜谭。据说马可·波罗逝世前，有亲朋好友奉劝马可·波罗为自己的弥天大谎忏悔，但马可·波罗十分肯定地说："上帝做证，书中所记还不及我看到的一半！"

这本书后来在欧洲广为流传，激起了欧洲人对东方的热烈向往，对后来新航路的开辟产生了巨大的影响。

马可·波罗称自己在中亚平原发现了鳞虫。他这样描绘道："（鳞虫）比看起来更为敏捷。能轻易将骑者扑落马鞍。"

鳞虫是一种神话生物，有时也称为鳞虫蛇。它和飞龙同属龙族，十分相似，区别在于鳞虫没有翅膀。它们一般也无腿足或像飞龙那样仅生双爪。传说它们的气力来自尾巴。

这是一个关于比萨的传说，马可·波罗在中国旅行时最喜欢吃一种北方流行的葱油馅饼。回国后一直想能够再次品尝，但却不会烤制。

一次聚会，马可·波罗请来自那不勒斯的厨师，按他描绘的中国的葱油馅饼的样子来做。可厨师按马可·波罗所描绘的方法忙了半天，也无法将馅料放入面团中。

马可·波罗提议将多种丰富的蔬菜、水果等颜色丰富的馅料放在饼上吃。没想到，按此法配上了当地的乳酪和佐料，大受欢迎，从此味道丰富并且颜值高的比萨就传开了。

▲ [印有马可·波罗头像的意大利钱币——1982年发行]

眼镜发明于东方

西方国家最早出现的眼镜于13世纪末叶由马可·波罗传入。

据说，中国最古老的眼镜是水晶透明矿物所做的圆形单片镜，单片镜也就是大家所熟知的放大镜，有文献记载，公元前283年，中国天子就通过透镜来观察星星，墨子的书中也有记载墨子对于光和凸面镜、凹面镜的论述，东汉初年张衡发现月亮盈亏与日食、月食的原因，也是借助透镜。

现在眼镜的雏形是在1260年左右出现的，也就是元朝，马可·波罗见到元朝宫廷里有人戴眼镜，对此他很感兴趣，在

▲ [元朝时的眼镜]

游记中又记载道："中国当时有许多老人，为了看清楚书上字体，会配戴眼镜。"

马可·波罗回国后就把眼镜传到了西方，所以在西方最早制造眼镜的地方，就是马可·波罗的故乡威尼斯。

《马可·波罗游记》惹争议

马可·波罗与他的故事《马可·波罗游记》，早已家喻户晓、妇孺皆知了。对此书的真实性，有人提出质疑，但更多学者认为，马可·波罗是来过中国的，比如，《马可·波罗游记》中关于杭州的记载说，杭州当时是世界上最美的城市，商业兴隆，有12种行业，每种行业有12 000户。城中有一个大湖(即西湖)，周围达48千米，风景优美。这些记载在《乾道临安志》和《梦梁录》等古籍中得到了印证。其他的如苏州的桥很多，杭州的人多。《马可·波罗游记》中的记载都相当详细、具体。这些材料，在当时的历史背景下是不可能从道听途说中得到的。

七下西洋的明代航海家

郑和

▲ [三宝太监郑和]

郑和（1371—1433年），回族，原姓马，名和，小名三宝，又作三保，云南昆阳（今晋宁昆阳街道）人。中国明代航海家、外交家。

郑和出生于明洪武四年（1371年），是马哈只第二子，郑和有姐妹四人。洪武十三年（1381年）冬，明朝军队进攻云南，马和仅10岁，被明军副统帅蓝玉掠至南京，阉割成太监之后，进入朱棣的燕王府。永乐元年（1403年），道衍和尚收马和为菩萨戒弟子，法名福吉祥。

永乐二年（1404年），明成祖朱棣在南京御书"郑"字赐马和郑姓，以表彰其战功，史称"郑和"。并升任为内官监太监，官至四品，地位仅次于司礼监。郑和有智略，知兵习战，明成祖对郑和十分信赖。

郑和受明成祖委派

永乐三年（1405年）七月，郑和受明成祖委派，率领巨舶62艘、士卒及随行人员27 800余人，开始了他举世闻名的航行。船队自苏州刘家港（今江苏太仓浏河镇）出发，沿我国东海、南海而下，

《自宝船厂开船从龙江关出水直抵外国诸番图》简称为《郑和航海图》，原图呈一字形长卷。全图使用中国传统的山水画法，以南京为起点，最远到东非肯尼亚的慢八撒，到南纬4°左右为止，包括亚非两洲，所收地名达500多个，其中亚非诸国约占300个，相当准确地记录了航向、航程、停泊港口、暗礁、浅滩的分布，详细记录了郑和大航海全部航程中开辟的众多新航道，重要的出航地点有20余处，主要航线有42条之多。

乘风破浪，经占城（今越南南部）、爪哇（今印度尼西亚爪哇）、暹罗（今泰国）到锡兰（今斯里兰卡），最后经古里（今印度西岸）返回中国，历时两年零两个月。这是人类有史以来最庞大的远航船队，其船大者长148米、宽60米，中者长124米、宽50米，"体势巍然，巨无与比，篷帆锚舵，非二三百人莫能举动"。

先进的导航技术

郑和大航海综合应用了天文导航、罗盘导航、陆标导航、测量水深和底质等多种导航手段，如《西洋番国志》所记载："砍木为盘，书刻干支之字，浮针于水，指向行舟。"这种航海技术，

郑和宝船
ZHENG HE TREASURE BOAT
1405——1433

据史料记载，在郑和下西洋的船队中，最大的宝船长44丈4尺，宽18丈，载重量800吨。它的铁舵，需要二三百人才能举动。按照今天的测量方法来看，这艘宝船长将近148米，宽60米。有专家认为，明永乐年间，朱棣施政办公的大殿——奉天殿（太和殿），是当时最大的木结构实体。其大小也不过宽63.96米，深37.20米，高35.05米。而大号宝船上仅船楼的面积就大大超过了它，从封建的宗法礼仪上讲，作为宦官的郑和乘坐这种宝船似乎有僭越之嫌。

此图为按宝船的原尺寸复制出来的"宝船"，看上去简直就是一个方盒子，现存的中外船舶绝没有腰身如此之"粗"的。

郑和七下西洋时间表

第一次，永乐三年（1405年）6月。
第二次，永乐五年（1407年）10月。
第三次，永乐七年（1409年）10月。
第四次，永乐十一年（1413年）11月。
第五次，永乐十五年（1417年）6月。
第六次，永乐十九年（1421年）3月。
第七次，宣德五年（1430年）6月。

郑和第一次下西洋的时间比迪亚士发现好望角早83年，比哥伦布远航美洲早87年，比达·伽马发现新航路早92年，比麦哲伦环球航行（到达菲律宾）早116年。

在当时世界上是很先进的。白天用指南针导航，夜间则用观看星斗和水罗盘定向的方法保持航向，很少发生意外事故。

梗化不恭者"擒之"，寇肆暴掠者"灭之"

郑和下西洋的船队是一支规模庞大的船队，完全是按照海上航行和军事组织编成的，在当时世界上堪称一支实力雄厚的海上机动编队。很多外国学者

▲ [郑和下西洋600周年纪念邮票]

郑和无后，然据其故乡云南发现的《郑和家谱》称："马文铭长子立嗣，移居南京三山寺，名曰马府口。"由此可见，郑和过继其兄长之子郑恩来为嗣。

郑和在故乡云南的一支后裔系由郑恩来的长子所繁衍，其中一部分在清朝末年因不堪官府的压迫而逃往泰国。当时郑和第十七代孙郑松林跟随马帮来到泰国北部的清迈省，并娶了当时管理清迈的土司的女儿，从此在当地落地生根。由于年代久远，其泰国后裔已经不会说中文，甚至不知道自己的来历。现今其泰国的一支后裔有一二百人；而生活在云南的一支后裔约有百余人。

称郑和船队是特混舰队，郑和是海军司令或海军统帅。著名的国际学者、英国的李约瑟博士说："明代海军在历史上可能比任何亚洲国家都出色，甚至同时代的任何欧洲国家，以致所有欧洲国家联合起来，可以说都无法与明代海军匹敌。"

郑和船队航行途中，梗化不恭者"擒之"，寇肆暴掠者"灭之""海道由是

▼ [《郑和航海图》部分]

▶ [郑和逮回来的麒麟]

据说有一次，郑和在东非的麻林国看到了麒麟，于是郑和就抓了两只麒麟带回了国内，并且提前将这一好消息告诉了朱棣。回到南京以后，明成祖朱棣还曾经亲自到奉天门去迎接这两只预示着祥瑞的异兽，这在当时引起了轰动。当时看过的人将麒麟画了下来，而这个画作流传至今，现在我们看了以后终于知道麒麟的样子了，原来500多年前的麒麟就是现在的长颈鹿。

而清宁，番人赖之以安业"，使中国与东南亚及印度洋沿岸各国的经济文化交流有了保障，从而将中国的对外经济文化交流带到了一个前所未至的高度。

郑和带了一船的老婆婆去航海

向来航海，除了客船之外，运兵运货的船只，是不允许女性上船的，说是"有女同行，航行不利"。

但是，郑和特别造了一艘小船，船上载着几十个做针线的老婆婆，专门为官兵们补衣服。带着这群老婆婆，也不会因男女之事出问题，同时也解决了官兵穿衣吃饭的问题。

船上还带了稳婆、医生和农夫。所到之处皆传授耕织技术，以及一些医疗知识。

完成了人类历史上伟大的壮举

郑和下西洋是人类有史以来最伟大的远航，其航行规模之大、人数之多、范围之广，不仅在中国航海史上是第一次，而且在世界航海史上亦无先例。

之后，郑和又分别六次下西洋，历经三十余国，最远处到达今非洲东岸的骨都束（今索马里）、麻林（今肯尼亚）及红海的麦加（今沙特阿拉伯）、亚丁湾的阿丹（今也门民主共和国）。七次航行的总航程达七万多海里，可绕地球三周有余。宣德八年（1433年）四月，郑和在印度西海岸古里去世，赐葬南京牛首山。郑和七下西洋，完成了人类历史上伟大的壮举，揭开了世界大航海时代的序幕。

发现好望角
迪亚士

巴尔托洛梅乌·缪·迪亚士（约1450—1500年5月24日）出生于葡萄牙的一个航海世家，他的祖父若昂·迪亚士、父亲迪尼什·迪亚士都是追随恩里克王子的航海家。受祖父和父亲的影响，迪亚士在青年时代就喜欢海上的探险活动，曾随船到过西非的一些国家，积累了丰富的航海经验。迪亚士于1488年春天最早探险至非洲最南端好望角和莫塞尔湾。

▲ ［航海家迪亚士］

13世纪末，威尼斯商人马可·波罗的《东方见闻录》中，将东方描绘成遍地黄金、富庶繁荣的乐土，引起了西方到东方寻找黄金的热潮。然而，奥斯曼帝国崛起后，控制了东西方交通要道，对往来过境的商人肆意征税勒索，加上战争和海盗的掠夺，东西方的贸易受到严重阻碍。

此时葡萄牙和西班牙完成了政治统一和中央集权化的过程，他们把开辟到东方的新航路作为重要的收入来源。两国的商人和封建主就成为世界上第一批

翻开世界地图，我们不难发现，非洲大陆就像一个大楔子，深深地嵌入大西洋和印度洋之间。这个"楔子"的最尖端，就是曾经令无数航海家望而生畏的"好望角"。

殖民航海者，当时，很少有人知道非洲大陆的最南端究竟在何处。为了弄明白这一点，许多人雄心勃勃地乘船远航，但结果都没有成功。作为开辟新航路的重要部分，西欧的探险者们对于越过非洲最南端去寻找通往东方的航线产生了极大的兴趣。

◀ ［好望角标志牌］

好望角是非洲西南端的岬角。位于34°21′25″S、18°29′51″E处。北距开普敦52千米。1488年葡萄牙航海家迪亚士在寻找欧洲通向印度的航路时到此，因多风暴，取名风暴角。但从此通往富庶的东方航道有望，故改称好望角。

▲ [好望角：非洲大陆真正的最南端]

发现"好望角"

1487 年 7 月，迪亚士从里斯本出发了，他受国王委托寻找通向富裕东方的新航线。他的船队不断经受着风暴巨浪的摧残，与死神不断地擦肩而过。经过数月惊险的航行，1488 年春天他们终于发现了通往印度洋的伟大起点"好望角"。好望角寓意为一个充满美好希望的起点，发现好望角意味着发现美丽的希望。

好望角位于大西洋和印度洋的汇合处，即非洲南非共和国南部，也是非洲著名的旅游景点之一。苏伊士运河通航前，来往于亚欧之间的船舶都要经过好望角。

新的航路就这样被打通

1497 年，迪亚士受命于国王曼努埃尔一世，再次率领船队远航。他绕着非洲海岸，沿途进行殖民贸易，并开发黄金输出港口。

1500 年 3 月 9 日，迪亚士随同卡布拉尔的船队前往印度。5 月 12 日，船队在海上见到彗星。迷信的船员认为这是灾难降临的预兆，都不禁惊慌失色。无巧不成书。5 月 24 日，船队行到好望角附近的洋面上遇到大西洋飓风。

这种强劲的西风急流掀起的惊涛骇浪长年不断，这里除风暴为害外，还常有"杀人浪"出现。当浪与流相遇时，整个海面如同开锅似的翻滚，航行到这里的船舶往往遭难，这里也是世界上最危险的航海地段。迪亚士所在的船被冲天恶浪掀翻，仅有 50 岁的他葬身大西洋海底。

迪亚士虽然死了，但是新的航路已经被打通了，西方殖民势力从此也就从非洲伸展到了亚洲。

好望角还是一个植物宝库

好望角还是一个植物宝库，这里拥有全世界最古老、完全处于原生态的灌木层，有从来没有受过人类干扰的原始植物群，这里拥有植物进化不可多得的原始条件。

1836 年 6 月 3 日，达尔文专程来到好望角，考察这里的植物资源及物种进化情况。

> 新航路的开辟引起了"商业革命"和"价格革命"，打破了各国相对隔绝的状态，为世界市场形成创造了条件，同时也证明了地圆说的正确性。

印度航线开辟者
达·伽马

达·伽马（约 1469—1524 年 12 月 24 日），出生于葡萄牙锡尼什，是葡萄牙航海家、探险家，也是从欧洲绕好望角到印度航海路线的开拓者。

达·伽马是 15 世纪末和 16 世纪初葡萄牙航海家，也是开拓了从欧洲绕过好望角通往印度航路的地理大发现家。由于他实现了从西欧经海路抵达印度这一创举而驰名世界，并被永远载入史册！

出生于航海世家的贵族子弟

1469 年，达·伽马出生于葡萄牙一个名望显赫的贵族家庭，其父也是一名出色的航海探险家，曾受命于国王若昂二世的派遣，从事过开辟通往亚洲海路的探险活动，几经挫折，抱憾而逝了。

达·伽马的哥哥巴乌尔也是一名终生从事航海事业的船长，曾于 1497 年随同达·伽马从事探索印度的海上活动。由此可见，达·伽马是一名出生于航海世家的贵族子弟，从小就受过航海训练。

▲ [达·伽马]

第一次远航

葡萄牙国王若昂二世自 1488 年迪亚士发现好望角后，本欲再次派遣船队东航印度，可一些人包括哥伦布在内却向国王宣传横渡大西洋也可以到达印度，从而使国王产生诸多疑虑而搁置计划。直到葡萄牙新君主曼努埃尔一世即位后

锡尼什是葡萄牙西南部的海滨小城，也是著名航海家达·伽马的出生地。

"达·伽马之家"正面的石匾宣告着：英雄航海家达·伽马出生于此。官方资料介绍说，这里其实是达·伽马曾经为自己修建宫殿的地方。但为什么今天我们看不见宫殿呢？因为宫殿还在修建过程中，达·伽马在国王曼努埃尔一世的命令下被迫停止修建、离开锡尼什。所以这座宫殿从未完工，19 世纪的时候最终被拆除。

▲ [著名航海家达·伽马之墓]

1524年，达·伽马在印度科钦去世，享年53岁。

▲ [墓上帆船浮雕]

这是达·伽马的旗舰"圣加布里埃尔"号，这是一艘卡拉克型大帆船。

到达东非的达·伽马露出了贪婪的本性，大量无辜的黑人也因他而丧命，达·伽马俨然一副上帝使者的样子。他通过欺骗、暴力等手段得到了当地人的信任和帮助，于1498年5月20日，远航到了印度西南部的卡利卡特。到达这里的达·伽马继续沿用他的暴力手段，最终和当地贵族达成了贸易协定。

才派达·伽马率船队沿传统海道东航，寻找通往印度的海道。

1497年7月8日，达·伽马率船队从里斯本出发，寻找通向印度的海上航路，船队经加那利群岛，绕好望角，经莫桑比克等地向印度进发。1498年3月2日，船队进入莫桑比克。4月在马林迪，达·伽马得到了当地著名的阿拉伯领航员马德杰德的帮助，在他的指引下，船队航行23天，穿过阿拉伯海，于1498年5月20日，离开葡萄牙近10个月后，到达印度南部最著名的商业中心卡利卡特。1499年9月9日，达·伽马回到了葡萄牙，带回大量香料、肉桂，达·伽马也因此成为一个富豪，并被称为"印度洋上的海军上将"。

促进了欧亚贸易的发展

达·伽马在1502—1503年和1524年又两次到达印度，后一次被任命为印度总督。达·伽马通航印度，促进了欧亚贸易的发展。

在1869年苏伊士运河通航前，欧洲对印度洋沿岸各国和中国的贸易，主要通过这条航路。这条航路的通航也是葡萄牙和欧洲其他国家在亚洲从事殖民活动的开端。

经过近百年的探险、屠杀、抢掠，葡萄牙横跨半个地球的东方殖民帝国终于建立起来。

达·伽马通航印度，直接促进了人类史的世界化趋势和发展，具有巨大的意义！

发现巴西
佩德罗·阿尔瓦雷斯·卡布拉尔

达·伽马发现印度的消息一经传开，全世界都掀起了航海探险潮流，葡萄牙国王曼努埃尔一世更是大为激动，于是又组建了一支由13艘船和1500名船员组成的舰队，由贵族佩德罗·阿尔瓦雷斯·卡布拉尔率领，探索新的海域。

达·伽马发现印度的消息一传开，整个葡萄牙都激动起来了。1500年，葡萄牙国王曼努埃尔一世很快装备了一支庞大的舰队，由13艘船和1500名船员

▲ [卡布拉尔雕像——里斯本]

▲ [卡布拉尔雕像——巴西]

▲ [佩德罗·阿尔瓦雷斯·卡布拉尔登陆巴西]

组成，任命贵族佩德罗·阿尔瓦雷斯·卡
布拉尔率领这支队伍出航。这次航行的
目的是继续达·伽马到印度海路的探索。

　　1500 年 3 月 9 日卡布拉尔的舰队从
里斯本出发。卡布拉尔按照达·伽马的
建议，即在非洲西南部热带海域航行时，
不再沿海航行，而是向西南方驶入大西
洋深处，然后再往南行驶。

　　但在实际航行中，卡布拉尔的舰队
在通过佛得角群岛后，遇到强烈风暴（其
中有一艘船遭遇风暴后直接返航了），
又被赤道洋流推到了较远的海域。换
言之，他们把这个往西南航行的弧圈画
得太大了，以至他们进入了一个未知的
海域。

> 　发现好望角的迪亚士担任其中一条船的
> 船长。这次航行的真正目的不是探险，而是
> 征服印度，垄断香料贸易。

▲ [佩德罗·阿尔瓦雷斯·卡布拉尔的签名]

▲ [佩德罗·阿尔瓦雷斯·卡布拉尔硬币——纪念诞辰 500 周年时发行]

　　在这个未知的海域，经过近一个月的航行，船员们看到了陆地（即今巴西东海岸的帕斯夸尔山）。卡布拉尔在海岸登陆，舰队全部驶入港口（即今巴西的波尔图塞古鲁港），卡布拉尔给这里起名叫维拉克鲁兹（Ilha de Vera Cruz，葡语意思是"圣十字地"）。在岸边竖起刻有葡萄牙王室徽章的十字架，同时宣布该地区为葡萄牙国王所有，并派一条船回国报信。

　　休整后，其余的船继续顺着海岸线航行勘察，又经过了 5 个月的行驶，卡布拉尔的船队抵达印度的卡利卡特（当时著名的贸易中心，中国古籍中称为"古里"）。在这里遇到当地人的抵抗，卡布拉尔从海上向卡利卡特发起攻击，战争从凌晨一直打到深夜，卡布拉尔洗劫了在港口内的商船，杀害了无辜船民 600人，并在印度沿海建立了永久性的贸易据点和武装据点。

　　1501 年夏，卡布拉尔的船队回到了葡萄牙，在这次航程中，尽管他们损失了 6 艘船和许多人员，但卖掉运回的香料后，他们的盈利超过了总花费的 2 倍。

　　这是一次成功的航行，卡布拉尔不仅发现了巴西，还到达了印度，这意味着阿拉伯人和威尼斯人对香料贸易的垄断已经被打破，更重要的是葡萄牙还在印度沿海建立了据点，为下一步控制香料贸易做好了准备。

德雷克海峡的发现者

弗朗西斯·德雷克

德雷克是"魔鬼海峡"德雷克海峡的发现者，也是16世纪英国著名的航海探险家和海盗，曾两次完成环球之旅，他也曾参与击溃西班牙无敌舰队的战争，是一个人生充满了争议的人物。

▶ [伊丽莎白一世册封德雷克为骑士]

伊丽莎白一世册封德雷克为骑士的浮雕，值得注意的是，册封地点不是在女王宫殿，而是在"金鹿"号的甲板上。

德雷克被授予骑士称号后，的确从属于社会特权阶层，但是他得到的不是世袭贵族称号，只是仅限一代的称号。即使是在击败西班牙无敌舰队之后，德雷克也没能从女王陛下那里得到世袭贵族爵位的册封。对立下大功的海盗，可以封其为骑士，但不能随便让他加入世袭贵族行列，这或许是女王在政治上的判断。

海盗德雷克

德雷克出生于英国德文郡的塔维斯托克，他的父亲是一个自耕农。1549年康沃尔郡天主教徒曾经发起"祈祷书叛乱"，反对爱德华六世使用英语祈祷书的决定。不久叛乱蔓延到德文郡。德雷克的父亲是一个虔诚的新教徒，所以，他迁居到了当时新教徒势力强大的普利茅斯，到湾内的一个小岛上避难，现在这个小岛被命名为德雷克岛。

不久德雷克的父亲又迁到泰晤士河河口附近的古灵厄姆，充任查塔姆船厂的工作人员和水手们的临时牧师。德雷克则在韦特兰船长手下做见习水手，来往于法兰西和荷兰沿岸，学习航海的实际业务。

德雷克17岁就当上了沿海航线小帆船的船长。当他风闻表兄约翰·霍金斯在三角贸易中获得巨大利益之后，便毅然把自己的船卖掉，参加了约翰·霍金斯组织的第三次航海。

1568年，德雷克和他的表兄约翰·霍金斯带领五艘贩奴船前往墨西哥，由于受到风暴袭击而向西班牙港口寻求援助，但是西班牙人欺骗了他们，并对他们发动了袭击，造成数艘船舰在墨西哥韦拉克鲁斯被击沉，即圣胡安战役。西班牙人的欺骗险些让德雷克丢了性命。从此后他发誓在有生之年一定要向西班牙复仇。

　　这次战役也导致英国和西班牙两国关系迅速恶化，但当时西班牙的海上霸主地位不可动摇，因此英国女王伊丽莎白一世向海盗发放了私掠许可证，鼓励他们向西班牙商船发起攻击，自从获得女王颁发的私掠许可证后，从 1571 年起，德雷克就率领自己的船队开始对西印度群岛和中南美洲的西班牙殖民地进行无休止的袭击和掠夺。1572—1574 年间，德雷克两次在西班牙的财宝存放地巴拿马地峡的诺布尔德迪埃斯附近登陆，抄山间小路奇袭西班牙珍宝船队，夺得了大量的财宝，在返回英国后被誉为民族英雄。

德雷克的环球之旅

　　1577 年，德雷克再次从英国出发，乘着"金鹿"号直奔美洲沿岸，一路打劫西班牙商船，但他也遭到了西班牙军舰的追击，由于西班牙海军的封锁，他无法通过狭窄的麦哲伦海峡，在一次猛烈的风暴中，"金鹿"号同船队其他伙伴失散了，被向南吹了 5° 之多，来到了西班牙人也未曾到过的地方，这就是今天的"德雷克"海峡，而后德雷克穿过了海峡，于 1579 年 7 月 23 日到达了马里亚纳群岛，8 月 22 日穿过北回归线，9 月 26 日回到了阔别已久的朴次茅斯港，再次成为"民众的英雄"，这次航行是继麦哲伦之后的第二次环球航行，但德雷克却是第一个自始至终指挥环球航行的船长。

　　德雷克带回了数以吨计的黄金白银，丰富了女王的腰包，更重要的是德雷克为英国开辟了一条新航路，大大促进了

▲ [弗朗西斯·德雷克爵士在普利茅斯时 - 铜匾]
该铜匾由约瑟夫·贝姆于 1883 年制作，此雕像展示的是弗朗西斯·德雷克在听到西班牙舰队即将进攻时的不屑。

▲ [德雷克]

> 隐藏在德雷克"国家英雄""航海家""探险家"光环背后的其实是他的海盗身份。根据研究德雷克的文献进行计算的结果，他的海盗生涯一共带回了价值60万英镑的财物，其中30万英镑进了女王的腰包。当时英国一年的国家预算大概是20万英镑。

> 伊丽莎白一世时代的英国远远落后于当时称霸海洋、经济实力强大的西班牙和葡萄牙，处于极度贫穷的状态。"海盗钱"实际上是当时弱小的英国富国强兵的重要手段。

英国航海业的发展，而且他还发现了宽阔的德雷克海峡，自此以后，太平洋再也不是西班牙的海了。1580年他再次带领船队进行了一次环球航行。

人生巅峰：击败无敌舰队

1588年7月31日拂晓，英、西双方舰队在英吉利海峡展开决战。英国的舰队总司令是海军大臣霍华德，而副总司令则是德雷克，他们分别乘坐旗舰"方舟"号和"复仇"号。在这次战争中，英国舰队大败西班牙无敌舰队，杀死杀伤大量西班牙军舰船员，并击沉大量的无敌舰队军舰，史称格拉沃利讷海战。此战过后，西班牙海军一蹶不振，英国开始成为海上强国。在这次海战中英国海军拉开距离，利用火炮战斗的先进战术发挥了重要作用。战后德雷克被封为英格兰勋爵，成为海盗史上的传奇。

但随着1589年科伦纳·里斯本远征失利，被国民誉为民族英雄、长期深受恩宠的德雷克，逐渐失宠和被疏远了，人生开始走下坡路。1595年，在远征西印度群岛时，由于德雷克与霍金斯之间的争吵以及德雷克指挥上的失误，没有取得任何成果。1596年1月27日，德雷克因为痢疾病死于巴拿马。

▲ [伊丽莎白一世]

伊丽莎白一世终身未嫁，因此被称为"童贞女王"，也被称为"荣光女王""英明女王"。

北美大陆发现者
哥伦布

克里斯托弗·哥伦布（1451—1506年），探险家、殖民者、航海家，出生于中世纪的热那亚共和国（今意大利西北部）的一个工人家庭，是信奉基督教的犹太人后裔。长大后当上了舰长，是一名技术娴熟的航海家。他确信西起大西洋可以找到一条通往东方的切实可行的航海路线。

▲ [希腊邮票：发现美洲]

哥伦布是地圆说的信奉者，也是一位技术娴熟的航海家，是推崇马可·波罗的狂热者；他意在寻找东方的宝藏，却意外发现一个新的世界；他四次登上美洲大陆，开启了大航海时代的序幕，改变了世界历史的进程。

改变历史的同时，也给其他大洲带去了灾难

哥伦布自幼热爱航海冒险。他读过《马可·波罗游记》，十分向往印度和中国。当时，地圆说已经很盛行，哥伦布也深信不疑。经过不懈努力，他的向西航行到达东印度群岛的冒险性计划得到西班牙王室的支持。

1492年8月3日，哥伦布受西班牙

哥伦布的远航是大航海时代的开端。新航路的开辟，改变了世界历史的进程。它使海外贸易的路线由地中海转移到大西洋沿岸。从那以后，西方终于走出了中世纪的黑暗，开始以不可阻挡之势崛起于世界，并在之后的几个世纪中，成就海上霸业。一种全新的工业文明成为世界经济发展的主流。

"新大陆"是相对哥伦布和西方人而言的，对美洲原住民印第安人来说并不是新大陆，他们早在4万年前就已经到达美洲大陆，大约是从亚洲渡过白令海峡到达美洲的，或者是通过冰封的海峡陆桥过去的。不管是哥伦布还是其他西方人登上的美洲大陆，都不是"首先发现"，在他们来之前这里就有几千万的居民。但是，哥伦布的发现对世界产生了巨大影响，也成为人类历史发展的重要转折点。

哥伦布日的时间是10月12日或10月的第二个星期一，是美国于1792年首先发起的，当时正是哥伦布发现美洲300周年的纪念日。此后美洲很多国家都相继有了哥伦布日。

🔻 [巴塞罗那哥伦布纪念碑]

巴塞罗那哥伦布纪念碑位于兰布拉大街尽头。为了庆祝1888年的万国博览会,1886年建造了这座圆柱形纪念碑,纪念碑顶端是哥伦布一手捧书、一手指着美洲大陆方向的塑像。这座巍峨的圆柱形纪念碑全部用赭红色大理石建成,塔身高达60米,上有"光荣属于哥伦布""向哥伦布致敬"两行大字。

哥伦布发现新大陆后,西班牙女王为他举行了盛大的欢迎宴会。宴会上,一些人说哥伦布的发现没什么了不起,他到不到那里,陆地都在那里。这是万能的上帝所创造的,又不是他哥伦布变戏法变出来的!哥伦布听后站起身,他从桌子上拿起一个煮熟的鸡蛋,向在场的人们说,谁能把这个鸡蛋竖起来?大家都呆住了,心想,尖尖的鸡蛋怎么可能竖起来?哥伦布把鸡蛋往桌子上一竖,鸡蛋发出轻轻的破裂声,但同时也稳稳地站在了那里!

他说:我知道,你们认为我这样做是打破常规的!可是我做到了,你们却没有做到!

委内瑞拉总统查韦斯曾公开呼吁拉丁美洲人不要庆祝"哥伦布日",称哥伦布1492年的地理大发现带给拉美土著印第安人的是长达150年的"种族屠杀",认为克里斯托弗·哥伦布是人类历史上最大的侵略与种族灭绝的先锋。

女王派遣,带着给印度君主和中国皇帝的国书,率领三艘帆船,从西班牙巴罗斯港扬帆出大西洋,直向正西航去。经过70个昼夜的艰苦航行,1492年10月12日凌晨终于发现了陆地。哥伦布以为到达了印度。后来才知道,哥伦布登上的这块土地,属于现在中美洲加勒比海中的巴哈马群岛,他当时为它命名为圣萨尔瓦多。圣萨尔瓦多便是救世主的意思,这个救世主拯救了刚刚兴起的欧洲,但是也许在改变历史的同时,也给其他大洲带去了灾难。

在后来的三次航行中,哥伦布到达过大安的列斯群岛、小安的列斯群岛、加勒比海岸的委内瑞拉以及中美洲,并宣布它们为西班牙帝国的领地。

是哥伦布发现了新大陆

从历史上看,在哥伦布之前应该有人到达过美洲,但他们似乎并不重要,因为他们的发现既没有被传播开来,也没有引发欧洲和美洲的任何变化。相反,哥伦布发现新大陆的消息传遍了整个欧洲。接踵而来的是对新大陆的一次又一次的探险,对这块土地的殖民和征服活动由此开始。

即使没有哥伦布,他做的事情别人也会去做,美洲大陆迟早会被发现,哪怕是晚几十年。但是,如果同样是在大航海时代,美洲被英国人、葡萄牙人,或者亚洲人发现,后面的历史也许就完全不同了。这正是哥伦布独具影响力的原因。

环球航行第一人
麦哲伦

麦哲伦1480年生于葡萄牙北部一个破落的骑士家庭。10岁左右进入王宫服役，充当王后的侍从。16岁时进入葡萄牙国家航海事务厅，因而熟悉了航海事务的各项工作。

麦哲伦环球航行是世界航海史上的一大成就，葡萄牙航海探险家麦哲伦率领的探险船队在1519—1522年9月环球航行成功，他的壮举不仅开辟了新航线，还证明了地球是圆的。

西班牙国王支持麦哲伦进行航海探险

麦哲伦在33岁那年，向葡萄牙国王曼努埃尔申请组织船队去探险，进行一次环球航行。可是曼努埃尔没有答应，因为他认为东方贸易已经得到有效的控制，没有必要再去开辟新航线了。1517年，麦哲伦离开了葡萄牙，来到了西班牙塞维利亚，他向塞维利亚的要塞司令提出环球航行的请求。塞维利亚的要塞司令非常欣赏他的才能和勇气，并把女儿也嫁给了他。

1518年3月，在要塞司令的推荐下，西班牙国王查理五世接见了麦哲伦，他的环球航行的计划得到了查理五世的支持。他为麦哲伦装备了远航探险船队。麦哲伦的探险船队由5艘远洋海船、

▲ [麦哲伦画像]

1517年10月20日麦哲伦放弃葡萄牙国籍，抵达西班牙塞维利亚。

菲律宾宿务市的麦哲伦十字架建于1521年，标志着西班牙国王将菲律宾岛屿殖民化。

200多名船员组成，旗舰"特里尼达"号排水量110吨，其他4艘不足百吨。

圣胡利安港

1519年9月20日，麦哲伦探险船队驶离了西班牙。船队沿着南美海岸南下，航行了4个月。

1520年3月31日，麦哲伦发现一个平静的港湾，他把它命名为圣胡利安港，船队驶入港湾，麦哲伦探险船队在圣胡利安港度过了一个冬天。

[菲律宾英雄拉布拉布酋长]

拉布拉布酋长手握大刀，目光炯炯地凝视海面，是他干掉了麦哲伦。

麦哲伦在这场殖民菲律宾的战斗中撤退时，先被土著岛民投来的标枪刺中腿部跌倒在地，他爬起来继续跑但还是落在了队伍的后面，被追上来的土著们砍死，由于他的同伴们撤退太快，连土著们后来怎么处理的麦哲伦尸体都不清楚。

1520 年 5 月中旬，为了找到通往太平洋的航线，麦哲伦派出一艘远洋帆船向南航行，探索航路，但不慎触礁受损。这样，当麦哲伦探险船队再次扬帆起航时只剩下 4 艘远洋帆船。

这个海角命名为合恩角

1520 年 10 月 21 日，探险船队沿着南美洲海岸向南航行，发现了一条通往太平洋的海峡。船队冲入海峡，驶入一个比较宽阔的海港，麦哲伦船队向南航行了几天，接连穿过几个海港，并发现了两条水道，一条朝东南，另一条朝西南。

麦哲伦让"圣安东尼奥"号和一艘海船向东南航行，他自己乘坐的旗舰"特里尼达"号带领另一艘海船向西南航行。结果朝西南航行的海船发现了一个海角和一片海洋。麦哲伦将这个海角命名为合恩角。

麦哲伦船队只剩了 3 艘船

向东南航行的"圣安东尼奥"号却走进了死胡同，在返回途中，"圣安东尼奥"号船上的主舵手乘机哗变，驾驶一条帆船返回了西班牙。

麦哲伦船队只剩了 3 艘船继续在海峡里航行。

麦哲伦海峡

麦哲伦以顽强的意志，指挥船员们与风浪作斗争。经过 28 天苦斗，在 1520

▲ [麦哲伦的牺牲地]

双面碑上记载着这一历史事件，背后的壁画清晰地再现了当年激烈的战争场面。

▲ [麦哲伦在里斯本的纪念雕像]

年 11 月 28 日，船队终于走到水道的尽头，这表明船已通过海峡，进入了太平洋。后人为纪念麦哲伦，把这条海峡称为麦哲伦海峡。

菲律宾的名称就这样由来

1521 年，麦哲伦船队横渡了太平洋，船队先后到达了菲律宾群岛中的胡穆奴

> 麦哲伦在一片海域历经 100 多天的航行，一直没有遭遇到狂风大浪，他就给这片海域起了个吉祥的名字，叫"太平洋"。

> 麦哲伦率领船队沿麦哲伦海峡航行。由于海峡两岸的土著居民喜欢燃烧篝火，麦哲伦在夜里见到陆地上火光点点，便把海峡南岸的这块陆地命名为"火地"，这就是今日智利的火地岛。

▲ [麦哲伦企鹅]

麦哲伦企鹅是著名航海家麦哲伦于 1519 年最早发现的，后世科学界遂以他的名字命名该物种。

岛、马克坦岛和宿务岛。在宿务岛上，麦哲伦想把岛上的一个小王国变成西班牙的殖民地。

他带领船员，手持火枪、利剑，强行登岸，用血腥手段征服了这个地区，并用西班牙国王菲利普二世来命名这个地区，菲律宾的名称就这样由来。1521 年 4 月 27 日夜间，麦哲伦与船员和宿务岛上的土著发生冲突，土著居民用箭、标枪对付入侵者。土著酋长拉布拉布的一支毒箭射中了麦哲伦，受伤后的麦哲伦逃跑不及，被乱刀砍死。

船队回到了西班牙

麦哲伦手下的人继续了他未完成的航程，远航渡过印度洋，绕过好望角，越过佛得角群岛，于 1522 年 9 月 6 日回到了西班牙，历时 1082 天，完成了人类首次环球航行。

麦哲伦船队出发时的 200 多名船员只剩下 18 名船员返回。麦哲伦船队以巨大的代价取得了环球航行的成功，证明了地球是圆球形的，世界各地的海洋是连成一体的。为此，人们称麦哲伦是人类历史上第一个拥抱地球的人。

> 10 世纪阿拉伯人和 15 世纪葡萄牙人远航到赤道以南时，都曾注意到南天星空中两个云雾状天体，称之为"好望角云"。葡萄牙航海家麦哲伦于 1521 年环球航行时，首次对它们作了精确描述，后来就以他的姓氏命名。大云叫大麦哲伦云，简称大麦云（LMC）；小云叫小麦哲伦云，简称小麦云（SMC）；合称麦哲伦云。

北极探险家
白令

维他斯·白令（1681—1741年）出生于丹麦霍尔森斯，是一位俄罗斯海军中的探险家，白令海峡、白令海、白令岛和白令地峡都是以他的名字命名的。

1724年，彼得大帝决定组织一支航海探险队开赴北太平洋，探测亚洲大陆和北美大陆之间的海岸。白令受命组织了这支探险队。

第一次探险

1725年春天，白令率领由70多人组成的探险队出发了，由于当时北方海路还没开通，白令率领的探险队要先从彼得堡出发，一路上翻山越岭，涉水渡河，风餐露宿。探险队横跨欧亚大陆，终于在1727年到达了7000千米以外的鄂霍茨克。随后又乘船渡过鄂霍次克海来到堪察加半岛东部的彼得罗巴甫洛夫斯克。

1728年，白令指挥着探险队自己设计制造的"圣加夫利尔"号探险船驶离港口，沿堪察加半岛海岸向北挺进。白令确信北美洲和亚洲之间确实是被水隔开的。

1730年，白令结束了第一次探险活动回到了彼得堡。当时他身患重病，在他远征探险的这段时间里，他的5个孩子都夭折了。

▲ ［白令浮雕像］

白令海峡位于亚洲最东点的迭日涅夫角和美洲最西点的威尔士王子角之间，海峡连接楚科奇海和白令海。名字来自丹麦探险家维他斯·白令，他于1728年在俄国军队任职时穿过白令海峡，是第一个穿过北极圈和南极圈的人。

在一次探险过程中，白令的船员H. 舒马金病死在了第一次发现阿留申人的岛屿。为了纪念死去的船员，白令将这个岛屿命名为舒马金岛。

除了证明美洲与亚洲并不相连外，此次探险还记录了从堪察加半岛东岸向北的情况，并测绘了3500多千米的海岸线。

第二次探险：圣伊莱亚斯岛

1735年，白令第二次担任堪察加考察队的队长，副手为奇里科夫。考察队再一次横跨欧亚大陆到达堪察加半岛，1740年他建立了彼得罗巴甫洛夫斯克。1741年6月他从这里向美洲进发，一共有两条船，旗舰为"圣彼得"号。

▲ [灭绝的白令鸬]

白令鸬，又名白令鸬鹚或眼镜鸬鹚，是一种已经灭绝了的鸬鹚。白令鸬最初是在白令（Vitus Bering）的第二次堪察加半岛探索中被随行队员发现的。他们形容白令鸬是一种体型大且丑陋的鸟类，而且差不多不懂得飞行。

一场风暴将两条船分开了，白令本人所在的探险船到达并停泊在一个小岛旁，站在船首能看到海峡对岸的北美大陆，看到海拔5000多米的圣伊莱亚斯山。他们在小岛考察中发现了一种鸟类，和生活在美洲东部的鸟很相似。另外，他们还发现了当地的土著民族。由于这个岛接近圣伊莱亚斯山，所以被考察队命名为圣伊莱亚斯岛（现在被称为卡亚克岛）。

病死在返航途中

返航途中，船队遭遇海上风暴，而且大雾频繁，粮食出现短缺。

而此时的白令已重病在身，无法指挥他的船了。他们漂泊到科曼多尔群岛的一个无人居住的小岛上，因为坏血病，白令和他船上的其他28名水手病死在这个岛上。此后这个岛被命名为白令岛。

剩下的船员于1742年8月26日返回到堪察加的彼得罗巴甫洛夫斯克。

白令是一位卓有贡献的航海探险家。尽管他的探险活动和沙皇俄国的扩张政策紧密联系在一起，但他为人类认识北极而做出的贡献，还是应该充分肯定的。后人为了纪念他，把他去世时所在的那个小岛命名为白令岛，把他发现的海峡取名为白令海峡，把阿留申群岛以北、白令海峡以南的海域命名为白令海。

西北航道探险家
亨利·哈得孙

　　亨利·哈得孙是一位英国探险家与航海家，以搜寻西北航道而闻名。他曾经替英国人做过三次航行（1607年、1608年、1610—1611年），替荷兰人做过一次航行（1609年），以寻求从欧洲通过北冰洋到亚洲的捷径。如今北美洲的哈得孙河、哈得孙海峡和哈得孙湾都是以他的姓氏命名的。

　　亨利·哈得孙前半生只是一名普通船员，直至1607年受聘于英国的莫斯科公司探索西北航道，然而他的两次远行并未为英国带来任何经济利益，于是被莫斯科公司解职。

　　1609年，哈得孙被荷兰东印度公司聘用，寻找前往亚洲的东方航道。他被要求穿越俄罗斯北部的北冰洋，进入太平洋，并到达远东。哈得孙在4月4日离开阿姆斯特丹，驾驶荷兰指挥船"半月"号。因为海冰阻挡前进的路线，他无法通过指定的路线，只能绕海而行，没有按照原定计划航行，最终无功而还，回国后还被拘押。

▲ [邮票上的亨利·哈得孙]

再次成功获得英国的支持

　　1610年他再次成功地获得英国的支持，展开另一段旅程。这笔资助资金来自维吉尼亚公司与不列颠东印度公司。

　　这次哈得孙驾驶他的新船"发现"号，在5月到达冰岛，随后在6月抵达格陵兰南部，然后绕过格陵兰的南部。

　　探险队在6月25日抵达拉布拉多

　　传说，在1626年，亨利·哈得孙只花了24荷兰盾，折合现在人民币就是166元，就将曼哈顿岛买了下来。后来，这个城市更名叫作新阿姆斯特丹。现在的人喜欢它的另一个翻译名称——华尔街。而这座城市名称由新阿姆斯特丹换成了新约克，最后换成了纽约。

　　亨利·哈得孙当时能买下曼哈顿是因为这里还没有成为殖民地，土地上居住的还是原住民——印第安人，所以沟通下来，只是花了24荷兰盾。

北端的哈得孙海峡，然后在 8 月 2 日通过海峡南部，进入哈得孙湾。哈得孙花费了几个月时间探索其东部海岸并绘制了地图。哈得孙和他的船员未找到通往亚洲的西北航道。但成功勘探了加拿大的部分地区，哈得孙湾、哈得孙郡、哈得孙海峡和哈得孙河都是以他的名字命名的。

遭遇叛变，从此下落不明

其后，探险队被浮冰困在詹姆斯湾中，船员被迫上岸度过冬天，浮冰在第二年春季逐渐消散，哈得孙计划继续探索该地区，但是他的船员却思乡心切，叛变是由哈得孙的好友罗伯特·朱埃和亨利·格林发起的。他们将哈得孙、他十几岁的儿子约翰及生病体弱的 6 名船员放逐在一艘小型船上，任由他们在大海中漂流，哈得孙从此下落不明。

叛变船员大部分顺利返回欧洲，虽然他们遭到逮捕，但是没有人因为叛变及杀死哈得孙而受到处罚。有一种理论认为，因为他们到过新世界，所以被视为宝贵的资料来源。也许由于这个原因，虽然他们被指控蓄意谋杀，但是仍被无罪释放。

▶ [遭遇叛变的哈得孙]

遭到船员叛变的哈得孙和他十几岁的儿子还有 6 名生病体弱的船员被放逐在一艘小型船上，最后被流放在北美海域，从此下落不明。

哈得孙湾位于加拿大东北部，是深入北美洲大陆的海湾，东北经哈得孙海峡与大西洋相通。

三下太平洋的航海探险家

詹姆斯·库克

詹姆斯·库克，人称库克船长，其生平极富争议和传奇色彩。他曾三下太平洋，对于欧洲人来说，他是一个伟大的探险家、航海家和制图专家，但是对于当地土著来说，他确是一个恶魔，因为库克的到来给他们带来的不是好运，而是悲惨的殖民历史。

库克船长 1728 年 10 月 27 日出生在英国约克夏郡的一个贫苦农民家庭，出身很低微，但是他从小就勤奋好学，尤其对天文学和海洋知识感兴趣。18 岁时，他曾在一艘船上找到工作，并且随船到波罗的海航行过几次。英法"七年战争"期间，他作为水手应征到皇家海军服役，后来逐渐升为大副、船长。1759 年，他还指挥自己的船参加了圣·劳伦斯河战斗。可以说他后来的伟大成就，都是靠他的才华和勇气一步步获得的。

他之所以被后人称为库克船长、太平洋之王，是因为他曾三次率领船队前往太平洋地区，并成为第一个到达澳大利亚东海岸、新西兰和夏威夷群岛的欧洲人。

库克船长发现澳大利亚东海岸以及新西兰和夏威夷纯粹是历史巧合，因为当时他的使命是探索所谓南方大陆，即今天的南极洲。但是当时人们对此还存在争议，而且库克船长的船队条件太过简陋，不能抵御南极洲恶劣的环境，因此尽管他几次尝试前往，甚至还曾经到达南纬 70° 的海域，但是最后还是以失败告终。

库克船长三下太平洋是人类历史上

▲ [库克船长的小屋]

库克船长的小屋位于墨尔本市中心的菲茨若伊公园，是库克船长出生的地方。1728 年 10 月 27 日，库克在这间位于英国约克夏郡的小屋之中出生了。小屋很朴实、简单，甚至是粗糙的，石砌的墙面透过暗黑的褐色透露出来的是古老沧桑的感觉。1934 年，墨尔本建市 100 周年庆时，实业家拉塞尔爵士出资 800 英镑，将库克船长的这间故居买下，再在墨尔本原样组建而成。

库克船长在探索太平洋时，性病、酒精饮料和枪械等随着西方文明一同传入了那些还没有被西方人开发的地方，从这个角度来说，库克船长的航行所带来的西方文明的的确确是一种文化入侵。

▲ [全球首张塑料钞票]

全球首张塑料钞票——澳大利亚移民澳洲 200 周年塑料纪念钞。塑料纪念钞正面图案：主景描绘 200 多年前英国移民者乘"萨帕拉"号双桅帆船抵达悉尼时的情景，透明窗防伪标志人物是英国航海家库克船长。

的壮举，也是他作为传奇探险家一生最辉煌的经历，这三次探索太平洋都取得了很大的成就。库克船长三下太平洋是分阶段完成的。

第一次是在 1768—1771 年，历时三年。这是库克船长的第一次远航，有些经验不足，因此走了很多冤枉路，但是成果还是很丰富的。他到达了新西兰和澳大利亚东海岸，并对新西兰和澳大利亚东海岸进行了科学考察。他还在新西兰进行了环岛航行，发现新西兰是由南北两个大岛组成。在澳大利亚东海岸他发现了悉尼这个天然良港，并且还宣布新西兰和澳大利亚是英国的领地。

第二次下太平洋是在 1772—1775 年，这次库克船长率领两艘大船，但是这次他很不走运，由于恶劣的天气和坏血病的困扰，两艘船期间失散了，所以这次

◀ [库克船长画像]

◀ [土著人]

库克船长的航海过程中遇见的土著人，被当时随行的画家威廉·霍齐斯记录了下来。

▲ ［航海见闻］

库克船长航海中随船画家威廉·霍齐斯画下的当地风情。

考察显得仓促匆忙。不过虽然库克船长还是没有寻找到传说中的南方大陆，但是也第一次抵达了南纬70°的海域，这已是当时人类到达的最南端了。

第三次下太平洋是在1776—1779年，此时库克船长已经退休了，但是他仍然不甘就此安度晚年，因此在一次机遇下，库克船长再次扬帆起航，这一次他发现了夏威夷群岛，但是由于他卷入了当地土著的纠纷中，不幸被人用长矛刺死，并且遗体遭到肢解。一位伟大的航海家就此陨落了。

不过即便如此，库克船长的成就还是很大的，尤其难得的是，他不是仅仅到达某个岛屿走马观花式的探险，而是实实在在的科学考察。库克船长不仅精确绘制了夏威夷到新西兰之间的经纬线图，而且还对新西兰进行了环岛考察，确认新西兰岛不是一个整体，这些都是前所未有的发现，因此库克船长成为历史上最伟大的航海家、探险家和制图学家之一。

库克船长的航海实践，大大丰富了人们的海洋地理知识，同时也加深了人们对海洋和发生在海洋中多种自然现象的认识。他是继哥伦布之后，在海洋地理方面拥有奠基性发现的航海家。

库克船长在长时期的远航实践中，总结出了通过改善船员的饮食——包括增加水果和蔬菜等方法，来预防由于长期航行，船员缺乏维生素C等营养出现的坏血病。这是库克船长在航海医学上的重大贡献。

英王乔治三世曾打算在库克船长返国后，授予他世袭从男爵爵位，但因为库克船长之死而未能实现。虽然如此，英王仍赏赐了库克船长的遗孀伊丽莎白一笔可观的长俸，以作慰问。1785年，乔治三世又向伊丽莎白颁授一面勋章，供库克船长的家族成员使用。伊丽莎白一直活到1835年，即库克船长死后56年，才以93岁之龄逝世。

第一个到达南极点的探险家
罗尔德·阿蒙森

罗尔德·阿蒙森，他的头上有着无数第一的光环。他领导的探险队是第一支到达南极的探险队；他是第一个到达南极点的人；是第一个穿越"西北水道"的探险家，也是北极磁的发现者。

阿蒙森 1872 年 7 月 16 日出生在挪威的博尔格。他的父亲是船长，母亲逝世后，21 岁的阿蒙森选择了退学，并将航海探险作为自己一生的事业。阿蒙森曾在挪威海军服役。1901 年到格陵兰东北进行过海洋学研究。

北极　北磁极

南磁极　南极

地极与磁极不合

地球磁轴与地球表面相交的两点，即地磁南极和地磁北极，北极磁点即为地磁的北极。

地磁的北极。其位置在不断移动。1975 年位置约当西经 100°、北纬 76°06′，即离北极点约 1600 千米的加拿大北部帕里群岛中的巴瑟斯特岛附近。现每天以 20.5 米的速度向北移动。估计到公元 2400 年，将移到俄罗斯西伯利亚泰梅尔半岛。

▲ [罗尔德·阿蒙森]

25 岁时，阿蒙森加入了比利时南极探险队，担任大副，开始进行南极探险。这些经历为阿蒙森未来的探险积累了相当有益的经验。

威廉王岛上探出北磁极的位置

1903 年，阿蒙森沿被称为"西北航道"的美洲北极海岸，从大西洋航行进入太平洋，进行了历时 3 年的冒险航行。

阿蒙森和他的伙伴乘坐的是 47 吨单桅帆船 "佳阿"号。他们于 6 月 1 日离开挪威，结果船被冰封住将近两年。在这次探险过程中，阿蒙森在威廉王岛上探出北磁极的位置，并发现英国探险家约翰·罗斯约在 60 年前第一个测定的这一磁极位置有所移动。

第一个到达南极点的探险家

正当阿蒙森满怀热情地沉浸在扩大北冰洋之旅、直抵北极点的计划中时，却传来了美国人罗伯特·皮尔里已宣布到达北极点的消息。阿蒙森想，如果能抢先拿下南极点，那么自己必然声名大噪，未来探险找赞助就不成问题了。于是他明面上准备北伐，暗地里却策划南征。

1910年6月，阿蒙森和同伴乘"前进"号从挪威出发，1911年1月3日他们到达南极大陆的鲸湾，此后阿蒙森与同伴乘狗拉雪橇向南极进发，沿途在南极进行了观测研究。当时很多人也在对探险南极跃跃欲试，他们面临的最大困难是严寒的天气。不过，肆虐的暴风雪没有挡住这些勇者到南极探险的步伐，阿蒙森冒着风雪，艰难前进，最终于1911年12月15日顺利到达了南极点，成为第一个到达南极点的探险家。阿蒙森与英国探险家斯科特之间曾进行过征服南极点的"南极竞赛"，结果阿蒙森成功了，而斯科特和他的队员倒在了归途中。

阿蒙森在《南极》一书中如此评价他的南极探险："我可以说这次探险具备的最重要因素是预期了所有的困难，做好预防措施来面对或是避免困难。成功是给一切都准备就绪的人的，人们称这个为运气。对于没有及时做好必要的预防措施的人而言，失败是必然的，这就叫作坏运气。"在阿蒙森看来，所谓幸运，不过是准备充分的必然结果！

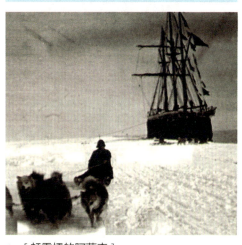

阿蒙森所乘的"前进"号是跟北极探险名家弗里特约夫·南森借的，是那个时代第一等的极地航船。

▲ [赶雪橇的阿蒙森]

阿蒙森身裹狼皮大氅，赶着一群雪橇犬，冒着风雪前往南极点。

《我作为探险家的一生》

1926年5月11日至13日，阿蒙森和美国探险家 L. 埃尔斯沃思、意大利航空工程师 U. 诺比莱从挪威乘"挪威"号飞艇到达阿拉斯加，第一次飞越了北极上空。

1928年6月18日，阿蒙森在一次前往北极的飞行中失事亡故，享年56岁。为了记录自己的探险生涯，阿蒙森曾写有《南极》《我作为探险家的一生》等著作，这让他那段"冰冷"的历程带着生命的温度流传千古。

北极探险家
弗里特约夫·南森

弗里特约夫·南森是挪威的一位航海家、北极探险家、动物学家和政治家。由于1888年跋涉格陵兰冰盖和1893—1896年乘"弗雷姆"号横跨北冰洋的航行而出名。

南森，1861年10月10日出生在挪威奥斯陆（克里斯蒂安尼亚）附近的一个富有家庭。

第一个证实北极是海洋的探险家

▲ ［南森］

南森曾在格陵兰岛与因纽特人交往、学习研究，最后他写成一本名叫《因纽特人的生活》的书并于1891年出版。

"绿色之地"

1888年，为了对尚未为人所知的格陵兰岛的内陆进行勘查，南森提出用雪橇进行横跨格陵兰冰盖的考察计划，然而他这一提议不为世人所理解，很多人认为这是沽名钓誉的鲁莽举动。卑尔根的一份幽默报纸还极尽调侃之能事对他进行讽刺："好一场表演！博物馆长南森要去格陵兰做一次滑雪表演，冰缝里有的是好座位，用不着买来回票。"世人的轻视更坚定了他的信心，挪威政府拒绝资助他，他就去丹麦募集资金。同年5月，他同5位助手乘坐一艘海豹捕猎船登上了荒凉的格陵兰的东海岸，他们开始由东向西艰苦地行进，10月上旬他们到达了格陵兰岛西海岸的戈德霍普港，一路上他们战胜了种种意想不到的困难，翻越了一个又一个覆盖着格陵兰大部分内陆的光秃秃的冰帽，在这个"绿色之地"（"格陵兰"意即"绿色之地"）

▲ [南森奖章]

南森曾参与希腊及土耳其之间的斡旋，促成双方在 1923 年签署《洛桑条约》。南森于 1930 年在试图飞越北极的飞行中不幸遇难，享年 69 岁。

中寻找每一片新奇神秘的地方。经过 400 多英里（1 英里＝1.609 千米）的长途跋涉，他们最后终于精疲力竭地抵达了目的地，第二年春，他回到挪威，国人的态度一下子就改变了，因为他做到了前人从未做过的事。

"前进"号

格陵兰考察成功之后，南森探险的筹款活动困难大为减少。南森利用筹来的资金建造了一艘船，并将该船取名为"前进"号。这艘船的最大特色是其外壳呈圆形。这样可以使船易于挤进大冰群并拱在其上面。这也促使他后来对南极进行了多次考察。

向北冰洋进发

1893 年，南森带着 12 个同伴启程向北冰洋进发。9 月 22 日，"前进"号到

▲ [南森难民奖]

南森难民奖设立于 1954 年，其前身为南森奖章。它以挪威北极探险家、社会活动家和国际上第一位难民事务官员弗里特约夫·南森的名字命名。该奖项每年颁发一次，授予对难民事业做出特殊贡献的组织和个人，并颁发 10 万美元奖金。该奖金由挪威及瑞士政府联合捐助，以作为对难民项目的支持。

第一次世界大战后，南森领导了国际联盟的第一次人道主义行动：遣返 45 万战俘。他的智慧、勇气和魅力让他的工作赢得了众多国家政府和志愿组织的支持。

1921—1922 年俄罗斯爆发饥荒，南森为遭受食品短缺的几百万人组织了一个救援计划。因此，1922 年他荣获了诺贝尔和平奖。

达切柳斯金角东北方向的北纬 78°50′，东经 133°31′ 的冰区。在漂浮过程中，南森通过计算发现，这条路不能使该船跨过北极。另外冰况使船行进遇到难以克服的困难。因此，在 1895 年南森带着一个同伴离船乘雪橇向北极前进。

他们在很接近北极的地方迷失了方向，这里靠近北磁极，指南针的偏差很大，以至于他们不知道自己的位置，他们不得不在这个荒无人烟的岛上度过他们在北极区的第三个冬天。

结果他们都长胖了

他们两人在岛上避风的地方盖了一座石砌的小房子，用苔藓堵塞壁缝，用不透水的厚海豹皮做屋顶。用海豹皮做遮风御寒的衣料，用海豹的膏油做燃料，他们还去捕猎北极熊，解决了冬天的食物和用作垫褥的熊皮，没有风时，他们就出去打猎，在雪地上散步，或者欣赏北极光和流星的精彩表演，而当狂风怒号，大雪纷飞时，他们就待在小房子里，围着油炉而睡，由于整日无所事事，而吃的尽是营养丰富的熊肉汤和煎熊排，结果他们都长胖了。

等天暖后他们继续上路，最后搭乘了一艘来自挪威的货船回国，国内人们原以为他们早就死在北冰洋上了。

整个挪威都轰动了

南森回国一个星期后，"前进"号也刚好安全返回，正如南森预料的那样，"前进"号后来继续随着洋流漂移，尽管最后偏离了北极，但还是安全地通过了北极海区。

整个挪威都被南森和他的"前进"号的成功轰动了。

南森回到挪威以后，一直致力于科学研究，出版了许多著作，其中很多出版物上都有南森亲自作的图解说明。另外，南森还在海洋学仪器的设计、风生洋流的解释和北方水域水层形成的方式等方面的研究中做出了贡献。

从未扬帆远航的航海家
恩里克

恩里克的全名是唐·阿方索·恩里克，是葡萄牙亲王、航海家，因设立航海学校、奖励航海事业而被人称为"航海者"，实际上他从未扬帆远航过。

◀ [恩里克王子]

恩里克王子是葡萄牙国王若昂一世的第三个儿子，可是他对于政治并不感兴趣。他视野开阔，眼光长远。他非常清醒地认识到，对于葡萄牙这样的小国家来说，向东、向大陆发展是没有机会的，葡萄牙的未来只能在海上。

一般来说，航海家都是航行到某处，历经千难万险发现了什么东西，比如哥伦布、麦哲伦。但是在恩里克王子一生中，除了葡萄牙本土以外，只去过北非的几个据点。如果仅仅从他的航海经历来说，他远远称不上是航海家。

可是为什么又说他是一位名副其实的航海家呢？因为他让更多的人成为航海家。

实现自己的"大思想"

葡萄牙独立 800 多年来，其疆界基本

▲ [恩里克王子雕像]

▲ [马德拉群岛殖民时期建筑]

马德拉群岛的丰沙尔大教堂坐落在海港附近，是这座城市为数不多的留存至今的殖民时代建筑，几乎完好无损地保留了历史原貌。

▲ [钱币上的恩里克王子]

上没多大变化。看一下世界地图就清楚了，葡萄牙的北面和东面是西班牙，西面和南面是大西洋。当时，西班牙为了光复国土正与摩尔人打仗，葡萄牙的陆地没有出口。要想走出去实现自己的"大思想"，征服西面和南面的大西洋是恩里克唯一的选择。

1415年，年仅21岁的恩里克王子率葡萄牙舰队偷袭休达，仅用一天时间，就占领了这座北非重要的贸易港口城市。休达之战让他一战成名，之后他被任命为阿加维省的总督。

1417年，恩里克依靠自己王子的身份筹集到大量资金，在阿加维省的一个名叫萨格里什的荒凉渔村创办了世界上第一所专业航海学校，他招募航海人才，系统研究航海技术，规划葡萄牙的航海蓝图。

资助并指导了6次远航

在此期间他共资助并指导了6次远航。

◀ [殷皇子大马路]

殷皇子大马路（殷皇子即唐·恩里克）在澳门半岛南部，西北端由南湾大马路起，东南端至南湾广场。长 350 米。实际上是新马路的延伸。

第一次是 1418 年，为葡萄牙发现了马德拉群岛；

第二次是 1432 年，为葡萄牙发现了亚速尔群岛。中世纪，欧洲人已经知道这两个群岛的存在，这两次航行正式把它们划归葡萄牙名下；

第三次发生在 1434 年。他资助航海家吉尔·埃阿尼什穿越博哈多尔角，宣告了葡萄牙对非洲大陆探险开拓的全面开始；

第四次是 1443 年，发现了拉斯努瓦迪布半岛（西撒哈拉和毛里塔尼亚共管）的布兰卡角；

第五次是 1445 年，发现了塞内加尔；

第六次是 1460 年，发现了佛得角群岛。

被尊称为"航海家恩里克"

1460 年，恩里克去世了。在萨格里什，他为葡萄牙的航海探索和领土扩张忙碌了 45 年。他没结过婚，也没孩子，他毕生都在忙碌航海事业，却从未亲自出海远航（到休达的近海航行除外）。但他去世的那一年，葡萄牙船队沿非洲西海岸向南探险的距离已经达到了 4000 千米。

历史学家一般认为，葡萄牙的航海事业离不开恩里克，欧洲航海的所有伟大发现都是从恩里克开始的。所以，恩里克被普遍尊称为"航海家恩里克"。

在葡萄牙，恩里克被视为民族英雄。在全国各地，葡萄牙人以各种方式纪念他，有的用他的名字命名街道，有的将他的头像印在邮票和明信片上，有的则铸造各种各样的雕塑。即使在今天的澳门，仍然保留着用他的名字命名的"殷皇子大马路"。

《大国崛起》的一段解说词是这样描述恩里克王子的："我们无从知道，看起来面容古板的恩里克王子是因为具有雄才大略而包容，还是因为包容而具有了雄才大略。意大利人、阿拉伯人、犹太人、摩尔人，不同种族甚至不同信仰的专家、学者，聚集在他的麾下。他们改进了中国的指南针，把只配备一幅四角风帆的传统欧洲海船，改造成配备两幅或三幅大三角帆的多桅快速帆船，正是这些 20 多米长、60～80 吨重的三角帆船最终成就了葡萄牙探险者的雄心；他们还成立了一个由数学家组成的委员会，把数学、天文学的理论应用在航海上，使航海成为一门真正意义上的科学。"

查尔斯·威尔克斯

　　查尔斯·威尔克斯（1798—1877年），美国探险家、海军军官，生于纽约市。在1838—1842年期间曾指挥一支政府探险远征队，带领一组科学家环绕地球航行，于1840年发现南极大陆。

　　威尔克斯于1838—1842年，率领一支探险队前往南半球考察鲸类资源和搜寻南磁极，是当时观察到南极大陆海岸线最长的一位探险家，为首次证明南极洲是一块大陆提供了重要的证据，后人就把这片南极大陆命名为威尔克斯地，在该地建立的站就叫威尔克斯站。

　　最先尝试描绘南极大陆的也是查尔斯·威尔克斯，1839—1843年期间，他对南极海域进行了多次探险。1841年初，威尔克斯勘察了位于今天的东经160°到100°之间（澳大利亚正南方）2414千米的南极海岸线，并绘出了这一地区的海岸线图。威尔克斯不仅确定了海岸线的长度，还确认了南极存在陆地的事实。这是第一次使用"南极大陆"称谓的南极地图。

　　遗憾的是，威尔克斯发现南极大陆的事实长期受到质疑，直到20世纪40—50年代，美国和澳大利亚等国科学家先后到达南极上空进行航空勘测后，威尔克斯南极大陆地图才最终得到了它应有的荣誉，这一新闻也曾登上《纽约时报》头条。

▲ ［威尔克斯地］

　　英国人说是英国船长詹姆斯·库克于1774年1月把船驶到了南纬71°10′海域。

　　俄国人说是俄罗斯航海家别林斯高晋率领的探险队1820年1月16日发现了南极大陆。

　　挪威人说挪威海员博尔赫格列文于1895年登上罗斯海入口处的岬角。

　　从19世纪20年代起，到20世纪40年代，各国探险家相继发现了南极大陆的不同区域。

　　一般来说是法国的杜蒙·杜维尔在1840年1月18日发现南极大陆，美国海军上尉查尔斯·威尔克斯于晚一日发现南极大陆。但由于有"日界线"的关系，颇有争议。

　　南极的很多地名或站名，大多是以早期探险家或对南极有重要贡献的人的名字命名的。

　　老威尔克斯站应该说是凯西站的前身，是美国于1959年建立的，1969年移交澳大利亚，并改名为凯西站。

　　凯西是澳大利亚第十六任总督，由于在任期间对南极考察特别支持，所以就以他的名字命名为凯西站。

第一个成功横渡英吉利海峡的女性
弗洛伦丝·查德威克

弗洛伦丝·查德威克 1916 年生于美国加利福尼亚州，1950 年，34 岁的查德威克成为第一个成功横渡英吉利海峡的女性。两年后，她从卡德林那岛出发游向加利福尼亚海滩，再创了一项前无古人的纪录。

弗洛伦丝·查德威克因成为历史上第一个成功横渡英吉利海峡的女性而闻名于世。此壮举是光荣而伟大的，开创了女人征战海洋的先河。

1952 年，她从卡德林那岛出发游向加利福尼亚海湾，想再创一项前无古人的纪录。

英吉利海峡（English Channel），又名拉芒什海峡。是分隔英国与欧洲大陆的法国，并连接大西洋与北海的海峡。海峡长 560 千米（350 英里），宽 240 千米（150 英里），最狭窄处又称多佛尔海峡，仅宽 34 千米（21 英里）。英国的多佛尔与法国的加来隔海峡相望。

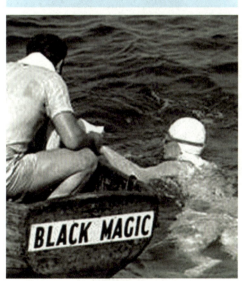

▲ [没有坚持最后一英里而悔恨不已的查德威克]

2003 年查德威克在美国新泽西州的一个疗养院里去世，享年 87 岁。

那天海面上浓雾弥漫，查德威克的视觉受到干扰。而且海水冰冷、刺骨，在海水里游了 16 小时的她已经筋疲力尽。当船上的人鼓励她"咬咬牙，再坚持一下，只剩一英里远了"时，她说："别骗我，如果只剩下一英里，我就应该能看到海岸，快把我拖上去！"弗洛伦丝·查德威克最终选择了放弃。船上的人看见这种情况之后，便把浑身瑟瑟发抖的查德威克拖上了小艇。

查德威克披着大毛毯，瘫坐在小艇上，随着船缓缓前进，褐色的加利福尼亚海岸线从浓雾中显现出来，她隐隐约约地看到海滩上等待欢呼她的人群。到此时她才知道，艇上的人并没有骗她，她距成功确确实实只有一英里！她仰天长叹，因为没有坚持最后一英里而悔恨不已。

弗洛伦丝·查德威克并没有放弃。过了两个月，她又一次重游加利福尼亚海湾，游到最后她不停地对自己说离彼岸越来越近了，一定能打破纪录，这一次她成功了。

北冰洋航道的开拓者
诺登舍尔德

诺登舍尔德（1832—1901年），瑞典地质学家、矿物学家、地理学家和探险家。生于芬兰首都赫尔辛基。1878年他开始环绕欧亚大陆航行，成为北冰洋东北航道的开拓者。

为了做好北冰洋航线探险的准备工作，诺登舍尔德从1858—1876年先后对斯匹次卑尔根群岛、格陵兰岛、喀拉海等做了8次探险考察，取得了丰富的北极地区科考资料。

1878年，诺登舍尔德从瑞典的哥德堡出发，率领着两艘轮船（"维加"号和"莉娜"号），准备开拓一条"东北航道"。他从欧洲的巴伦支海和俄罗斯开到白令海峡，最后到达太平洋，一年后又到达横滨。

1879年9月，他率领的"维加"号第一次通过大西洋和太平洋的东北部，完成了环绕欧亚大陆的历史性航行，成为北冰洋东北航道的开拓者。诺登舍尔德回国后被封为男爵。1883年，他成为第一个穿越格陵兰岛东南海岸巨大海上冰障的人。

世界各地有多处地方以他的名字命名。在今俄罗斯喀拉海东南有诺登舍尔德群岛；在新地岛的西北部有诺登舍尔德湾、诺登舍尔德角；在北美洲加拿大有诺登舍尔德河；在北欧挪威有诺登舍尔德半岛；在北冰洋海底有诺登舍尔德海盆；北冰洋的拉普捷夫海曾一度被称为诺登舍尔德海。

▲ ［诺登舍尔德］

▲ ［芬兰2007年诺登舍尔德纪念银币］

2007年芬兰发行的纪念诺登舍尔德开通东北航道130周年的银币。

世界上第一个到达北极的探险家
罗伯特·皮尔里

1909年3月1日罗伯特·皮尔里和他最信赖的伙伴马瑟·汉森率领考察队前往北极。途中，他们铲除了15米高的冰峰，忍受着极其寒冷的天气，遭遇过漫天无际的大雾，最终于4月6日到达北极点，标志着北极最后的制高点被人类征服，也宣告了北极地理发现时代的结束。

▲ [罗伯特·皮尔里]
此照片是罗伯特·皮尔里在远征北极的途中拍摄的。

罗伯特·皮尔里（1856—1920年），美国探险家，是人类历史上第一位登上北极点的人。

1902年，罗伯特·皮尔里开始向北极进发。他在北纬80°的地方建立了几座仓库，为未来的北极探险减少负载。第一次尝试时，因为不能穿过冰冻的北冰洋而返回。这次探险让他适应了北极恶劣的环境，为以后的成功创造了条件。

1905—1906年，他的第二次探险又没有达到目的，探险队只是比上一次更加接近北极大陆。

1908年7月，皮尔里乘坐"罗斯福"号轮船从美国出发，开始了他的又一次探险。他的队伍向格陵兰岛进发，下船在陆地上走了145千米后，离开埃尔斯米尔岛的哥伦比亚角，于1909年3月1日奔向北极。

皮尔里在黑人助手马瑟·汉森的陪伴下，经过36天艰苦旅行，于4月6日

为了验证这位美国探险家的壮举，以英国探险家汤姆·埃弗里为首的5人探险队于2005年3月20日再次出发，沿着当年皮尔里的路线，使用相同的装备，于4月26日到达北极点，历时37天。

抵达北极，终于实现了占据他脑海近10年的目标。

在开始出发时，探险队中包括17名因纽特人、19个雪橇和133条狗。而当到达最终目的地时，陪伴皮尔里和汉森的只有40条狗和4个因纽特人了。

他们在这里插上了美国国旗，国旗的一角上写着："1909年4月6日，抵达北纬90°。皮尔里"。

皮尔里的北极探险以无可辩驳的事实证明了从格陵兰岛到北极不存在任何陆地，都是一片坚冰覆盖的大洋。越是接近极点，极地气象和气候特征越明显。此地可零距离接触北极群岛，邂逅北极熊，观海象、鲸等极地动物。

世界上潜得最深的女人

西尔维娅·厄尔

西尔维娅·厄尔 1935 年 8 月 30 日出生于美国新泽西州的吉布斯敦，是世界上潜得最深的女人，有"深海女王"之称。

西尔维娅·厄尔是美国国家海洋与大气管理局（NOAA）首位女性首席科学家，"谷歌地球"海洋板块咨询委员会主席，"蓝色任务"基金会和"西尔维娅·厄尔联盟"的创始人，轻装潜水女子个人深潜世界纪录保持者。

两项女子深潜世界纪录，至今无人能破

厄尔曾在 1979 年穿硬式潜水服下潜 381 米；1986 年她驾驶单人潜水器下潜 1000 米，分别创下两项女子深潜世界纪录，至今无人能破。同时，厄尔也是待在海里时间最长的潜水员，拥有超过7000 小时的潜水纪录。她每个月至少潜水一次，并期待在不久的将来，乘坐自己公司制造的深海潜水器"深寻"下潜至海洋最深处——马里亚纳海沟。

从来不为破纪录而潜水

2012 年，好莱坞导演卡梅隆成功下潜到 10 898 米，成为单独下潜马里亚纳海沟的史上第一人。厄尔为这位多年好

▲ ["深海女王"西尔维娅·厄尔]

当有人向西尔维娅·厄尔求证喜欢的颜色时，厄尔说："我确实喜欢蓝色，我还喜欢黑色，因为黑色让我想到：世界上很大一部分生物都是生活在黑暗中的。深海潜水有时就像在星际遨游，看似一片黑暗中总有生命在闪光，表面的黑暗蕴藏着希望。海底生物在黑暗中依靠其他的感觉器官生活，我在潜水时会随身携带照明设备，但我通常会选择关掉照明，让自己感觉更像生活在海底的生物，在一片漆黑的海底想象海底生物是如何生活的。"

▲ [西尔维娅·厄尔]

友感到高兴。"我从来不为破纪录而潜水，但一旦有新型潜水设备诞生，我总是乐于成为第一个试用者。"作为世界上潜得最深的女人，厄尔却说自己从来不为创造纪录而深潜，她的潜水驱动力始终是科研，或者说是一颗探索海洋的初心。她有科学家的理性和冷静，也有对海洋的无限深情，呼吁人类爱护覆盖了地球表面71%的海洋。

"只要我还能呼吸，我就会潜水。"

西尔维娅·厄尔的一生已经谱写了太多传奇，她被《纽约客》和《纽约时报》称为"深海女王"，美国国会图书馆称她为"活着的传奇"，《时代》杂志称她为"地球英雄"。她所服务的机构包括阿斯彭人文研究所、伍兹霍尔海洋研究所、国家海洋保护区基金会、美国自然保护基金会、美国河流协会、海洋保育协会、德莱赛工业公司、奥瑞克斯能源公司等。西尔维娅·厄尔获得过100多项国家级和国际级荣誉，其中包括20多个荣誉博士称号、皇家地理学会颁发的2011年"赞助人奖章"，以及2009年的TED奖。

法国海底万年壁画发现者

亨利·科斯克

1985年，洞穴业余探险者亨利·科斯克为了探索沉睡在苏尔密乌海湾的古代沉船的遗物，专门购买了一艘长14米的拖网渔船"克努马农"号，开始了他的水下探险活动。

水深36米处发现隧道洞口

一个偶然的机会，亨利·科斯克在水深36米处的岸壁上发现了隧道口。因为当时随身携带的照明灯熄灭了，加上海水浑浊，他准备得也不够充分，所以暂时中断探索。

1990年，科斯克又找到了那个隧道口，并特邀了卡西斯潜水俱乐部的6个伙伴组成水下探险队。他们进入了隧道，借助手电的光束，艰难地通过了长约200米的水下隧道。

隧道的尽头在一个高出海平面4米、直径约50米的大洞穴里，里面有千姿百态的钟乳石；在灯光的照耀下，石壁上的3个大手印清晰可见，还有6匹野马、2头野牛、1只鹿、两只鸟、1只山羊和1只猫，形象栩栩如生，可谓艺术珍品，简直把人们带进了一个神秘的殿堂。

史前杰作

1991年9月1日，在苏尔密乌海湾有3名业余水下探险者失踪。科斯克参加了寻觅失踪者的行动，并在这个神秘的洞穴中找到了3位失踪者的尸体。

▲ [洞壁上3个大手印]

人们疑惑不解，1万多年前，古代艺术家是怎样潜入这个海底洞穴的？洞穴壁画为何奇迹般地完好如初？有的考古学家解释说，那时正处于冰河时代末期，地中海海平面比今天要低100米以上，苏尔密乌海湾水下隧道无疑是处于海平面之上，人们可以很容易地从悬崖下的隧道口进入洞穴。后来冰河时代结束，海水上涨，海水将隧道淹没，洞穴被密封起来，洞穴内的壁画得以保护，避免了风化和破坏，直到今天。

为了防止更多人遇难，科斯克决定将海底洞穴壁画的秘密公之于世。9月3日，他向马赛海洋考古研究所报告了这一发现，并要求采取措施保护这些壁画。

科斯克和史前考古学家让·古尔坦带领的水下探险队潜入海底洞穴进行考古。据古尔坦分析，石壁上的手印可能是史前艺术家在动物脂肪里混入有色矿石粉末制成油彩，然后将手贴于石壁上，用空心兽骨将油彩吹喷到石壁上，创造了这一杰作。

海洋最深处的探险勇士
卡梅隆

詹姆斯·卡梅隆1954年8月16日出生于加拿大安大略省，是好莱坞著名电影导演、编剧，一生获奖无数。

2012年3月26日，好莱坞著名导演詹姆斯·卡梅隆驾驶单人深潜器"深海挑战者"号成功下潜至海洋的最深处——马里亚纳海沟底部，这一堪比人类登月的创举随即引发全世界关注。美国《国

▲ ［詹姆斯·卡梅隆］

▶ ［"深海挑战者"号］

"深海挑战者"号是一艘由澳大利亚工程师打造、仅能容纳1人的深潜器，高7.3米，重12吨，承压钢板有6.4厘米厚。该潜水器安装有多个摄像头，可以全程3D摄像，同时具备赛车和鱼雷的高级性能，而且还配有专业设备收集小型海底生物，以供地面的科研人员研究。

家地理》杂志将这一事件称为"人类对深海探索的又一转折点""掀起了一场有关深海的文艺复兴"。2013 年由卡梅隆执导、以下潜事件为核心元素的纪录片《深海挑战》制作完成。

《深海挑战》记录了詹姆斯·卡梅隆驾驶单人深潜器"深海挑战者"号成功下潜至世界海洋的最深处——马里亚纳海沟的全过程。在这部纪录片中，也讲述了研发深潜器背后的故事。在万米海底，卡梅隆停留了 6 小时，并将看到的奇观用高清 3D 摄影机拍摄了下来，而他为这次下潜热身的其他十几次潜水过程也被剪进这部 90 分钟的 3D 纪录片里。

▶ [《深海挑战》]

卡梅隆下潜的深度是 35787 英尺（约合 10908 米）——是全世界海洋无可比拟的深度极限。

卡梅隆的电影成就：

1981 年，执导首部电影《食人鱼 2：繁殖》。

1984 年，因自编自导科幻电影《终结者》成名。

1986 年，自编自导电影《异形 2》。

1991 年，凭借电影《终结者 2》获得第 18 届土星奖最佳导演奖以及最佳编剧奖。

1994 年，执导电影《真实的谎言》。

1997 年，他执导的电影《泰坦尼克号》打破全球影史票房纪录；凭借该片获得了奥斯卡奖最佳导演奖。

2005 年，他被英国杂志《Empire》评为"世界最伟大的 20 位导演之一"。

2009 年，他执导的科幻电影《阿凡达》再次打破了由他自己保持的全球影史票房纪录。

2010 年，入选《时代周刊》评选的"全球最具影响力人物"；同年他获得美国视觉效果工会奖终身成就奖。

2011 年，获得美国制片人工会奖里程碑奖。

格陵兰岛的发现者
埃里克·瑟瓦尔德森

格陵兰岛，有一个好听的英文名字叫 GreenLand，即"绿色之地"的意思，这个名字是当初发现格陵兰岛的埃里克为了让其听起来更有吸引力而取的。

埃里克·瑟瓦尔德森出生于挪威罗加兰，又称红胡子埃里克、红毛埃里克等。970 年左右，埃里克一家逃往外地，据说是因为他父亲犯了谋杀罪，父子俩来到了冰岛，在那过了几年平静日子之后，埃里克因为杀人被驱逐出境。

在走投无路的情况下，他只得变卖了所有家当，带着一家老小再次逃亡海上。这次他们发现了一块新的陆地。这块陆地地处北冰洋和大西洋之间，全岛

▲ [埃里克的木版画]

面积为 217.56 万平方千米，海岸线全长 35 000 多千米，是世界上最大的岛屿。他在那里住了三年，对周围的环境进行了调查，觉得这是一块很好的土地，每到夏天青草泛绿，灌木茂盛，鲜花飘香，野果累累，很适合放牧，于是他决定回冰岛招募移民。他为这个地方起了一个充满欺骗性的名字"Greenland"，意思就是"绿色之地"。

埃里克回到冰岛后，赞颂这片"绿色之地"的神奇土地，使许多维京人决定前往。986 年，埃里克成功地招募了 500 人，他们乘坐 25 艘满载牲畜和生活必需品的船只向格陵兰岛进发，最后只有 15 艘船到达目的地，而其余 10 艘则被风暴吞噬。格陵兰岛有 200 多万平方千米的土地，但只有 15% 没有被冰层覆盖，并不怎么适合生存。而且岛上铁矿稀缺，木材不足，使这些维京人很快陷入困境，但他们还是依旧顽强地定居了下来。

就这样，格陵兰岛成为世界上唯一一座被罪犯发现并命名的岛屿。

海洋军事人物

Marine Military Figures

铁血大帝
大流士一世

大流士一世是波斯帝国的第三代君主（前522—前485年）。出身于波斯阿契美尼德王族的旁支，其父希斯塔斯帕是帕提亚的总督。

杀死政变领袖高马塔，登上王位

公元前525年，大流士任"万人不死军"总指挥，随国王冈比西斯二世远征埃及。前522年趁国内发生政变、冈比西斯二世回国途中暴毙之机，大流士联合部分波斯贵族，杀死政变领袖高马塔，登上王位。继而镇压巴比伦、埃兰、米底等地起义，连续作战19次，擒获9个暴动首领，扭转帝国濒于瓦解的局势。大流士一世不仅是波斯帝国的伟大君主，也是世界历史上的著名政治家之一。

第一个向欧洲扩张的东方君主

大流士一世统治波斯期间，对内镇压了米底、埃及、巴比伦和亚述等地的叛乱。

对外，成为第一个向欧洲扩张的东方君主。前517年，他将印度河流域纳入波斯，进而控制了黑海海峡和色雷斯一带，兵锋直指希腊诸城邦。

这是历史上第一个地跨亚非欧三大洲的帝国，在世界五大文明发源地中，已征服其中三个，逼近了第四个。风格各异的众多文明第一次联合在同一个

▲ [琐罗亚斯德教标志]

大流士一世是琐罗亚斯德教坚定的教徒，在他的倡导下，琐罗亚斯德教在波斯帝国广为流传，成为国教。琐罗亚斯德教是摩尼教之源，又称祆教、拜火教（注意！拜火教是一种蔑称）。

大流士一世的墓志铭是这样的："我是伟大的骑手、优秀的猎人，我无所不能。"

当时，波斯帝国的疆域西至埃及，东括印度，南达波斯湾和阿拉伯半岛，北到里海及黑海一带。

从公元前518年始，大流士一世对原有的统治机构和古老的军事组织实施了一系列改革措施，史称"大流士改革"。

▲ [大流士一世寝陵]
大流士一世开辟了在岩石上凿刻寝陵的先河，之后的帝王们开始纷纷效仿。

通了这条御道之后，从小亚细亚海岸到首都只需要3天时间，在张骞通西域之后，这条大道便成了丝绸之路的西段。

▼ [波斯波利斯宫墙上的浮雕]

国家、同一个君主的统治之下，加深了相互的交流和渗透，但也给原来简单的波斯统治制度带来了众多问题和挑战。

强大的陆军和海军

波斯的陆军所向无敌，装备精良。他们创造的步兵配合骑兵交替作战的战法，在当时的大陆上是最先进的。波斯的工匠更是名满天下，巧夺天工，其中以武器制造最为惊人。同时，波斯不但有强大的陆军，还有强大的舰队，拥有的舰只数量在 600 ～ 1000 艘之间。

贯通全国"御道"，开辟海上航路

大流士一世时代修建了贯通全国主要地区的交通网络，称为"御道"。沿途设置驿站和旅店。据说这最初是大流

薛西斯一世

▲ [大流士一世钱币]

图中正面是大流士一世，背面为祭火坛。大流士一世在统一币制的同时，也着手统一全国的度量衡。这方面的改革文字记载得不多，但从苏萨和其他地区出土的文物中，发现刻有大流士一世王号的尺，另外还有大小不等的青铜和石制的权。据说，大流士一世在位末年"国王的量"已经代替了私家的量，在埃及南部发现的纸草文书中，有一件记载当地犹太雇佣军是"按照国王的石（权）"偿还债务的。

士一世为满足其尽快吃到爱琴海鲜鱼的愿望而设立的，但对全国经济却是意义重大。交通发达，沿途又有驿站接济和士兵保护，全国的贸易迅速发展起来。

他还通过促进帝国海上商贸的政策，开辟海上航路，派舰队探索印度洋，打通从印度河口到埃及的海上航线，还开通了从尼罗河到苏伊士的运河。他是第一个将印度洋和大西洋两大水系连为一体的君主。

"王中之王，诸国之王"

大流士一世在继位之后不到一年的时间里，以各个击破的策略，先后打了19次大战役，铲除了九大割据势力的首领，偌大的波斯帝国重归一统。前522年，大流士一世功成身就，踌躇满志，并巡行各地。在巡行至一个叫贝希斯敦的小村庄时，他让人在附近的石壁上刻上了著名的《贝希斯敦铭文》，为自己歌功颂德，以便流芳百世。他自称为"王中之王，诸国之王"，后人尊称他为"铁血大帝"。

大流士一世

抢夺色雷斯沿海和通往黑海的控制权

莱山德

莱山德是古希腊斯巴达海军统帅，出生在斯巴达一个没落的贵族家庭。青少年时代的莱山德家境贫寒，但雄心勃勃，总想出人头地。

提洛同盟：公元前478年，雅典组织中希腊、爱琴诸岛和小亚细亚的一些城邦形成新的同盟，同盟金库设在提洛岛，故名"提洛同盟"。它的目的原是对付波斯联合作战，后成为雅典称霸工具，又称"雅典海上同盟"。公元前454年，同盟金库迁到雅典。公元前404年，由于在伯罗奔尼撒战争中战败，雅典被迫解散提洛同盟。

伯罗奔尼撒同盟：是古代希腊以斯巴达为首的伯罗奔尼撒半岛大部分城邦组成的军事同盟，当时称为"拉凯达伊蒙人及其同盟者"。

▲ [陶罐上的斯巴达勇士]

希波战争结束后，以雅典为首的提洛同盟和以斯巴达为首的伯罗奔尼撒同盟在经济和政治等方面的矛盾日益尖锐，从而导致了伯罗奔尼撒战争的爆发。

莱山德受命海军统帅一职

莱山德登上海军统帅宝座之前，伯罗奔尼撒战局已几度变化。曾一败涂地、遭到孤立的雅典，通过顽强努力，再次建起一支拥有150艘战舰的强大海军，并在公元前411年的赛诺西马战役和阿卑多斯战役和次年的塞西卡斯战役中大败斯巴达海军，赢得了色雷斯沿海和通往黑海的控制权。

莱山德于斯巴达海军兵败之后受命海军统帅一职，深深懂得只有建设强大的海军，才能彻底打败雅典。于是，他利用波斯人希望斯巴达与雅典两败俱伤的心理，从波斯小亚细亚总督小居鲁士

▲ [斯巴达勇士头盔]

▲ [被战火毁坏的雅典建筑]

王子那里获得了一大笔资金，用来建造了 100 多艘三层桨战舰。

突袭成功后提高了莱山德的威望

公元前 406 年 3 月，他乘亚西比德率雅典大部分船只外出收集给养之际，率领舰队星夜突袭驻泊在诺提乌姆海角的雅典海军。这次突袭使亚西比德再次失去了在雅典的领导权，这是几年来伯罗奔尼撒同盟的首次告捷，不仅提高了莱山德的威望，鼓舞了斯巴达盟邦，而且导致了以雅典为主的提洛同盟的解体。

莱山德再掌海军指挥权，大败雅典海军

诺提乌姆角海战后不久，莱山德被召回国，由卡利克拉提达斯接替海军统帅职务。但几个月后，在阿吉纽斯群岛附近的海战中，斯巴达舰队又惨败在雅典人手中，损失惨重，卡利克拉提拉斯阵亡。阿吉纽斯战役的惨败，使莱山德再次掌握海军的全部指挥权。

公元前 405 年夏末，莱山德率领舰队，在陆军配合下，突然从海上包围并攻占了拉姆普萨卡城。

同时在随后的羊河口战役中，在很短时间内就击败了雅典新任海军统帅科农率领的 170 多艘战舰和 3000 多名官兵，只有科农率领 9 艘战舰夺路逃脱。

称雄几十年的雅典海军终于覆灭了。有人称颂这场海战说："1 小时战斗便结束了两国之间长达几十年的战争。"

▲ [伯罗奔尼撒半岛与希腊大陆分割开]

古罗马暴君尼禄开凿的这条世界上最深的科林斯运河将伯罗奔尼撒半岛与希腊大陆分割开，它连通着爱奥尼亚海后与爱琴海连接。

羊河口战役后，莱山德逐个消灭了雅典的盟友，继而又从海陆两面包围雅典城，迫使雅典于公元前 404 年 4 月投降。在莱山德扶持下建立了三十人僭主集团，结束了雅典的民主政体。

莱山德带领斯巴达海军战胜了雅典海军，使得色雷斯沿海和通往黑海的控制权落入了伯罗奔尼撒同盟手中，在结束伯罗奔尼撒战争中成为举足轻重的人物。

公元前 399 年莱山德拥立已故国王阿吉斯之弟阿格西劳为王，并随其赴小亚细亚与波斯作战。公元前 395 年科林斯战争爆发后，随国王入侵维奥蒂亚，在哈利阿图斯遭到底比斯人突袭，莱山德兵败阵亡。

▲ [郑成功雕像]
郑成功因蒙隆武帝赐明朝国姓朱，赐名成功，并封忠孝伯，世称"郑赐姓""郑国姓""国姓爷"，又因蒙永历帝封延平王，称"郑延平"。

收复台湾成就一生英名
郑成功

郑成功（1624—1662 年），幼名福松，名森，字明俨，诣明末大儒钱谦益时受字大木。是明末清初的军事家、民族英雄。

郑成功于 1624 年 8 月 27 日出生于日本九州平户岛上的川内浦千里滨。父亲郑芝龙为海商及海盗首领，在中国东南沿海及日本、菲律宾等海域拥有极大势力。

起兵抗清

明末清初，在父亲郑芝龙被抓之后，郑成功走避金门，并开始在沿海各地招兵买马、收编郑芝龙的旧部，更在南澳募集了数千兵力。1647 年 1 月，郑成功在烈屿（小金门），以"忠孝伯招讨大将军罪臣国姓"之名誓师反清。

之后，清军不断打击郑成功的部队，曾先后在浙江、广东、南澳和厦门等地大战，双方互有胜负。

与清军议和

清军经过漳州、海澄大败后，于 1653 年 8 月遣使与郑成功议和，双方开始谈判。清廷拟封郑成功为海澄公，并承诺给予一府（泉州府）地方安顿兵将；这样的条件不为郑成功所接受。此后双方又多次谈判，均因条件不妥，郑成功并未投降。

起兵后的十多年，郑成功的根据地仍然只以厦门、金门等沿海岛屿为主。但是郑成功完全控制了海权，他一方面深入内陆广设商业据点，开辟货源以和外国人贸易积累资金；另一方面以此募兵及进口盔甲、铳炮、刀剑等武器来筹备军力、军备，又以内陆的商业据点为基，发展情报组织洪门。

1659 年，郑成功曾率军北伐，并包围了南京，开启了江宁白土山之役，但遭清军挫败，大将甘辉、万礼、陈魁、林胜、张英等皆战死，全军被迫退回厦门，南京之战使郑成功反清大业受到致命挫折。

1660 年，郑成功在福建海门港（今龙海东）歼灭清军将领达素所率水师四万余人，取得厦门大战的胜利。

收复和建设台湾

北伐南京失败后，郑成功所部元气大伤，并且面临军粮不足的问题。为了解决大军的后勤给养，郑成功决定前往我国台湾。 1661 年，郑成功亲率将士 25 000 人、战船数百艘，自金门料罗湾出发，经澎湖，向我国台湾进军。在郑成功的大军围剿下，驻守我国台湾的荷兰人，在 1662 年 2 月 9 日向郑成功屈服，退出我国台湾。

郑成功之死

爱新觉罗·玄烨当上清朝皇帝后，对郑成功又开始了围剿，一方面杀郑芝

▲ ［郑成功用过的大炮］

清初铁炮，曾用于厦门大战中的武器。

▲ ［郑成功纪念币］

1995 年郑成功 5 盎司纪念银币，面值 50 元。

龙，又挖郑氏祖坟；移驻投诚官兵，分垦荒地。郑成功接连听闻噩耗，加上在台将士水土不服、人心惶惶，其子郑经又在澎湖与乳母私通，使得郑成功内外交困，于 1662 年 6 月 23 日急病而亡，死前大喊"我无面目见先帝于地下"，抓破脸面而死，死时年仅 39 岁。

海洋军事人物

功过是非争议
施琅

施琅（1621—1696 年），字尊侯，号琢公，是明末清初军事家，清朝初期重要将领。他因背叛郑家，收复台湾而出名，施琅成功荡除台湾割据政权，将其纳入中华行政版图，是一位了不起的爱国英雄；也有人认为，施琅两次投降清政权，甘愿为外族统治者卖命，是"民族"败类。

施琅 1621 年出生在福建晋江衙口一个较为殷实的农民家庭。他自幼力气惊人、见识出众，家人对他寄予厚望，本想让他谋取功名，光宗耀祖。无奈他好武不好文，对仕途兴趣不大。后来随着家道日渐败落，施琅弃文从武，拜师苦练武艺，精习兵法。

成为郑氏将领

施琅在 17 岁那年，离开家乡投奔叔叔施福（是郑芝龙的亲信），加入了郑芝龙的队伍。他因骁勇善战，很快就被郑芝龙晋升为游击将军。

后来清军入关势如破竹，明军连连溃败，郑芝龙不顾儿子郑成功的阻拦，率领众部赴福州降清，后被清廷软禁，施琅跟随郑芝龙的部队被强行编入清军军营。

1648 年，施琅获悉郑成功起兵抗清，

▲ ［施琅雕像］

于是率领弟弟施显和一些部将投奔到郑成功麾下，成为郑成功的得力干将，郑成功每遇大事都要和他商量。然而施琅总恃才傲物，时间一长，二人的关系渐渐恶化。

郑成功的手下曾德一度得罪了施琅，施琅便借故杀了曾德，因而触怒了郑成功。

郑成功盛怒之下处死了施琅的父亲和弟弟。施琅连夜率部投奔了清军，誓报郑成功杀父诛弟之仇。清朝任命施琅为清军同安副将，不久又把他提升为同安总兵。

施琅擅长治军，尤其精通海战，所辖部队以作战迅速、勇猛、果断著称，故人送"海霹雳"的响亮绰号。

施琅在收复台湾后不久，就上了一道《陈台湾弃留利害疏》，他深刻地分析了台湾在军事上的重要位置，并且建议康熙帝大力鼓励台湾的经济发展，轻徭薄赋，以此得到一个稳定繁荣的台湾岛。同时，他还力劝康熙帝废止实行多年的"迁界禁海"令，还地于民，让海峡两岸人民安居乐业，恢复遭到战事破坏的经济。

多次攻台，终于恩威并施收复台湾

1662 年，郑成功率兵从荷兰人手里夺回了我国台湾，并继续着"反清复明"的大业。可惜的是，这位民族英雄不久英年早逝，郑氏集团发生分裂，为争郑成功的延平郡王王位而大动干戈。这让已升任福建水师提督的施琅看到了报杀父之仇的时机。

1664 年 11 月，施琅进军台湾，中途遭遇台风，只好下令返航。

1665 年 3 月到次年 4 月，施琅又发动了两次攻台行动，但都因遭遇台风而搁浅。

接连三次出兵都无功而返，引起了朝中许多满族官员对施琅的非议，他也因此被调任闲职，攻打台湾复仇只能暂时搁置。

直到康熙皇帝清理了三藩，坐稳了宝座，下定决心要收复台湾，才又起用了已年届花甲的施琅。

1683 年，施琅在澎湖海战中战胜台湾水师，后恩威并施收复了台湾，康熙闻讯，脱下龙袍赏赐给施琅，又亲制褒章嘉许，封施琅为靖海侯，世袭罔替，

▲ ［鹿港 妈祖庙］

施琅收复台湾之后，上奏清廷建议奉台湾民间信仰的妈祖"天妃"赐晋天后，1684 年（康熙二十三年）清廷准奏，且进颁"护国庇民妙灵昭应仁慈天后"敕号，改台南宁靖王府为大天后宫。当时施琅从湄洲岛带来的古妈祖黑面二妈，如今安置在鹿港天后宫，供众信徒膜拜，这尊神像已有一千年的历史，全世界仅此一尊，大陆本有两尊开基妈，后都被毁。

令其永镇福建水师。

施琅的一生，不外乎就两件事：一是反郑降清；二是收复台湾。施琅收复台湾的功绩，在历史上获得了充分肯定。但对于其"叛主投敌"的气节问题，人们至今争议较大。

世界上最早的装甲船制造者
李舜臣

李舜臣（1545—1598年），字汝谐，本贯德水（今朝鲜黄海北道开丰郡），生于朝鲜汉城（今韩国首尔），是李氏朝鲜时期名将。官至三道水军统制使、全罗道左水使，在壬辰战争中立下汗马功劳，1598年在露梁海战中牺牲，谥号忠武，死后追赠领议政。

> 李舜臣是朝鲜历史上百年难得一见的海战奇才，与乙支文德、姜邯赞一并称为朝鲜三大救国英雄。

> 明朝万历年间，日本国内政局发生重大变化，丰臣秀吉以武力统一了日本，进而妄图侵占朝鲜，征服中国。万历二十年（1592年）四月十三日，丰臣秀吉发动了侵朝战争，日本称为"文禄庆长之役"，中国称为"壬辰战争"。

李舜臣出身于一个没落的士大夫家庭，幼时家境贫寒。他颇有学问，能骑善射，32岁时武举登科，从此开始了军旅生涯。他刚直不阿、一生忧国忧民，追求正义，几处逆境而无悔无怨。

他着重抓了整顿军队和改制武器两件事。在整顿军队方面，他吸收了朝鲜海军的优良传统及外国的先进经验，对所属海军的战斗编队、战略战术进行了改革，并加强了部队的爱国主义教育，使部下将领都成为忠于祖国、英勇善战的勇士。在改制武器方面则是改造了朝鲜的"龟船"。

铁甲战舰"龟船"

李舜臣47岁任全罗左道水军节度使后（朝

▲ [李舜臣雕像]

李舜臣雕像为铜质雕像，矗立于首尔国会旁。它在韩国人民的心中就如林肯雕像在美国人民心中的地位一般，是一种信仰一般的存在。

这座雕像上李舜臣竟然如中国武士一般穿着盔甲，手中握的竟然是一把像日本刀的剑。更过分的是握剑的手竟然是右手。在李舜臣所处的时代，右手握剑是战败的象征。可事实上，李舜臣多次成功击败日军，是朝鲜一代战神。所以这座雕像在造型上与个人情感和事实依据都不符合，备受争议。

鲜王国皇家海军全罗左道舰队司令），积极操练水军，构筑防御阵地，并创建了铁甲战舰"龟船"，为了提高朝鲜海军的战斗力，李舜臣还对"龟船"进行了改造。改进后的"龟船"长30多米，宽3米多，船身及上面的"龟壳"用硬木制作，包上铁板，敌人炮火不易伤害它。铁板上还装有密集的铁钉，使敌人在接舷战时无法攀登。船头有一个大龙头，

▲ [李舜臣的龟船]
龟船在壬辰卫国战争的一些海战中大放异彩，对击退倭寇起到了很大作用。龟船是朝鲜民族宝贵的文化遗产之一。

上设两个炮眼，在行进中船内可焚烧硫黄等物，烟从龙口喷出，可以起到隐蔽自己、迷惑敌人的作用。船身四周凿有很多炮眼枪眼，便于士兵在船内向敌人发射火力。同时，船的两侧各有10面船桨，战斗时一齐划动，航行飞快，进退自如。加大后的船体可多存淡水、粮食，适合长时间、远距离航行。

壬辰卫国战争爆发

1592年朝鲜壬辰卫国战争爆发后，日军20多万大军进犯朝鲜并迅速攻陷王京、开城、平壤等地，占领了大半个朝

龟船是公元1591年，朝鲜全罗左道水军节度使李舜臣带领士兵和工匠制造的。龟船形似乌龟，故其名为龟船。龟船长35米，宽为11.8米，高为5.2米。船左右各有10个橹，桅杆可以竖起或倒下。

龟船上有70多个空洞，可以放枪、炮或射箭，船舱有房舱、仓库等26个船舱，铁甲上有很密的刀子和锥子形铁签子。船头是乌龟状，从龟头嘴上喷吐出像雾气一样，烧硫黄和焰硝等毒气使敌人慌作一团。

龟船结构简易而坚固，船速快，火力大。龟船在壬辰卫国战争中起了很大作用，并为世界海战和人类科技发展起到了促进作用。

▲ [陈璘、邓子龙奉命支援朝鲜]

▲ [朝鲜邮票上的龟船]

鲜半岛，韩国称这一段历史为"壬辰倭乱"。应朝鲜王朝之请，明朝派兵出援，从此开始了长达7年的中朝两国军民共同抗击日寇的战争。

在陆战屡战屡败的情况下，李舜臣却在1592年6—8月率部在玉浦、泗川和闲山岛等海战中连战连捷，夺取了制海权，粉碎了日军水陆并进计划。1592年9月李舜臣任忠清、全罗、庆尚三道水军统制使。10月在釜山海战中又击沉日军海军将领九鬼嘉隆率领的敌船百余艘，而后日本海军不敢再战。

鸣梁海战

1597年，日本施反间计使李舜臣受诬告而被革职下狱后，调集重兵再犯朝鲜。朝鲜水军在元钧指挥下几遭全灭。9月，李舜臣重被起用，倭寇一心想歼灭李舜臣舰队，聚集了33艘战船和2万余人对其发起进攻。敌众我寡，李舜臣决定用部分战船引诱倭寇战船开进鸣梁口。当潮水退落时，敌舰被暗设的铁索、木桩阻拦，无法逃脱。朝鲜水军利用这一有利时机，击沉倭寇战船30余艘，歼敌1000余人，这就是朝鲜历史上著名的"鸣梁大捷"。

随后李舜臣移师古今岛（今莞岛），建立海军基地，同陈璘、邓子龙率领的明朝水军组成联合舰队，对敌加强进击并实施海上封锁。"鸣梁大捷"为重振朝鲜水师赢得了时间。

露梁海战

倭寇第二次入侵朝鲜后，明朝内廷决定任命总督邢玠和提督麻贵，统帅4万军队从陆上支援朝鲜李氏王朝，并于1598年7月，派遣由陈璘、邓子龙率领的中朝联合舰队，与倭寇进行了一场规模空前的海上决战，即露梁海战。1598年9月，丰臣秀吉因战败受挫郁郁而终。滞留朝鲜半岛的倭寇已处于明朝与朝鲜联军的重重包围中，无心恋战，并祈求和谈来改写侵略失败的命运。但明朝与朝鲜联军拒绝和谈，出兵从海上切断了倭寇的退路。1598年11月，露梁海战爆发，明朝与朝鲜联军大败日本，共击

> 露梁海战为壬辰卫国战争的最后一场海战。在朝鲜半岛称之为"露梁大捷"。

> 鸣梁海峡之战中，李舜臣以12艘战舰击退倭舰330余艘更是创下了世界海战史上的一个奇迹。从此名扬天下。

毁日本舰船400多艘，歼敌万余人。役中，李舜臣为了援助明朝老将邓子龙的战船，不幸左胸中敌流弹，临终前他把战旗交给身旁的侄儿李莞并嘱咐说："战防紧急，慎勿言我死，要代我指挥。"露梁惨败后，倭寇无心再战，遂从朝鲜撤军。

◀ ［显忠祠］
位于韩国忠清南道牙山市的显忠祠是忠武公李舜臣将军的祠堂。祠堂建于1706年。

南北驱驰报主情，江花边月笑平生

戚继光

戚继光（1528—1588年），字元敬，号南塘，晚号孟诸，谥武毅。山东蓬莱人（生于山东济宁微山县鲁桥镇），明朝抗倭名将，杰出的军事家、书法家、诗人、民族英雄。

戚继光在东南沿海抗击倭寇十余年，扫平了肆虐沿海多年的倭患，确保了沿海人民的生命财产安全；后又在北方抗击蒙古部族内犯十余年，保卫了北部疆域的安全，促进了蒙汉民族的和平发展，写下了十八卷本《纪效新书》和十四卷本《练兵实纪》等著名兵书，还有《止止堂集》及在各个不同历史时期呈报朝廷的奏疏和修议。

金山岭长城的"三绝"

戚继光在修建金山岭长城过程中，依据"因地制宜，用险制塞"的建筑思想，山势低矮处，加高城墙；山势高峻处，修建敌楼，个别地方加修了障墙、支墙、挡马墙，全部为砖石结构或砖石木结构，使这段长城设施完备、构筑牢固、布局严谨、可攻可守。经专家鉴定，金山岭长城是我国万里长城的精华之所在。障

▲ ［戚继光］

◀ ［戚继光苦心研发的虎尊炮］

戚继光苦心研发的虎尊炮，集合了同时代东西方管型武器的各种优点，堪称16世纪领先全球的新型杀器。

▶ [戚继光发明的五雷神机]
用于防御蒙古军队，有三眼、五眼、七眼之分，一般使用时两人一组射击，一人支架，转动枪管，一人瞄准射击。

墙、文字砖、挡马墙，被誉为金山岭长城的"三绝"。

戚继光是兵器专家和军事工程家

　　戚继光是一位杰出的兵器专家和军事工程家，他改造、发明了各种火攻武器；他建造的大小战船、战车，使明军水陆装备优于敌人；他富有创造性地在长城上修建空心敌台，进可攻退可守，

是极具特色的军事工程。

戚继光抗倭寇有功

　　1557 年，倭寇进犯乐清、瑞安、临海等地，戚继光与俞大猷两军会合，前往围攻，驻守在岑港的倭寇抵御不住戚继光与俞大猷的进攻，余党向闽南逃窜。戚继光因抗倭寇有功，奉命守卫守台、金、严三郡。

▶ [戚家刀]
据说这种刀为戚继光所创，它的刀形很像日本刀，是戚继光在抗倭战斗中根据日本刀的特点设计出来的，专门克制倭寇。

▲ [戚继光改造的石炮]

海洋军事人物

戚继光故里坐落在原登州府中心地带，北边靠近府署衙门，南面是府学，东面有鼓楼和基督教堂，西边有马神庙和关帝庙。如今除了东边的鼓楼和基督教堂外，其他古建筑都已经不存在了。戚继光故里的总面积为 1.9 万平方米，包括戚家牌坊、戚继光兵器馆、戚府、戚家祠堂等。

戚家军名闻天下

戚继光初到山东备战倭寇时，发现明军将骄兵惰、纪律松弛、兵不习战，跟熟练使用倭刀、重箭的倭寇相比，战斗力实在太弱。于是戚继光到金华、义乌等地招募了 3000 名农民，并亲自训练他们，将其练成一支精锐的部队，后称"戚家军"。戚继光根据南方多沼泽的地理特点制定阵法，又给他的部队配备火器、兵械、战舰等装备，戚家军因此名闻天下。

1562 年，倭寇进犯福建，并联合福宁、连江等地的倭寇，先后攻陷寿宁、政和、宁德等地，从广东南澳方面侵略的倭寇联合福清、长乐的倭寇攻陷玄钟所，并进犯龙岩、松溪、大田、古田、莆田等地。

倭寇声势浩大，当地官军不敢进攻，

于是胡宗宪传令让戚继光带兵剿贼，他大破横屿倭寇，斩首 2200 余级。而后，戚继光乘胜追击，杀至福清，捣毁牛田，端了倭寇巢穴。倭寇余党慌忙逃往兴化，戚继光也不停歇，一路狂追，又捣毁倭寇据点 60 余营，斩首无数。

戚继光平定福建倭患后班师回浙江，行至福清，遇见少量倭寇从东营澳登陆，戚继光率兵急攻，斩首 200 人。经过几番战斗，闽广一带的倭寇几乎被戚继光杀光。

军事上，戚继光撰写了两部重要兵书，即《纪效新书》和《练兵实纪》。这两部书是他练兵打仗的经验总结，也

▲ ［冷兵器的翘楚——狼筅］

戚继光弄来了一件秘密武器——狼筅，还特意画了图谱，让将士每天训练，之后成为对抗日本倭刀的重要力量。

此兵器是戚继光专门针对倭刀制造的独门兵器，亦称作狼牙筅。原是明朝矿工起义军发明，后为戚继光抵抗倭寇时所操练"鸳鸯阵"的武器配置之一。械首尖锐如枪头，械端有数层多刃形附枝，呈节密枝坚状。伪装性极强，适合在隐蔽地带埋伏时使用，枪杆极长，通常与盾牌配合，从远处杀伤倭寇。在鸳鸯阵中威力极大。在狼筅面前，倭刀中的打刀基本报废，毫无威力可言，如果不逃就只能等着挨宰。逃了又没脸见人，许多倭寇绝望之下只能用胁差切腹。

▲ ［手持狼筅的士兵］

是他训练军队的教本，在军事学上有很高的地位，被收录在《四库全书》中，占军事著作的十分之一。

1582 年，内阁首辅张居正病逝，给事中张鼎思趁机上言戚继光不应该放在北方，于是戚继光被朝廷调往广东。

1585 年，给事中张希皋再次弹劾戚继光，戚继光因此遭到罢免，回乡后病死。

从木壳船到铁甲船的推动者

左宗棠

左宗棠（1812—1885年），字季高，一字朴存，号湘上农人，署名今亮，谥文襄，湖南湘阴人，清朝大臣，著名湘军将领，同样也是洋务派首领。

▲ [左宗棠塑像]

左宗棠一生亲历了湘军平定太平天国运动、洋务运动、率军平定陕甘回变和收复新疆等重要中国历史事件。官至东阁大学士、军机大臣，封二等恪靖侯。中法战争时，自请赴福建督师，光绪十一年（1885年）在福州病逝，享年73岁。追赠太傅，谥号"文襄"，并入祀昭忠祠、贤良祠。

长沙府试，取中第二名

左宗棠生性颖悟，少负大志。5岁时，他随父到省城长沙读书。道光七年（1827年）应长沙府试，取中第二名。他不仅攻读儒家经典，还钻研经世致用之学，特别是将那些涉及中国历史、地理、军事、经济、水利等内容的名著视为至宝，这对他后来带兵打仗、施政理财起了很大的作用。

乡试因"搜遗"中第

左宗棠学习刻苦，成绩优异。道光十二年（1832年），他参加在省城长沙举行的乡试，因"搜遗"中第，但此后的6年中，他3次赴京会试，均不及第。科场失意，使左宗棠不能沿着"正途"进入社会上层，进而实现他的志向。但左宗棠的才干，得到了当时许多名流显宦的赏识和推崇。早在道光十年（1830年），年仅18岁的左宗棠拜访长沙著名务实派官员和经世致用学者贺长龄时，贺长龄即"以国士见待"。赫赫有名的封疆大吏陶澍也以一代名臣之尊主动提议将他唯一的儿子与左宗棠的长女订婚。

林则徐对左宗棠也十分器重

名满天下的林则徐对左宗棠也十分器重，两人曾在长沙彻夜长谈，对治理国家的根本大计，特别是关于西北军政的见解不谋而合。林则徐认定将来"西定新疆，舍左君莫属"，特地将自己在新疆整理的宝贵资料全部交付给左宗棠。后来，林则徐还多次与人谈起这次会见，极口称赞左宗棠是"非凡之才""绝世奇才"，临终前还命次子代写遗书，一再推荐左宗棠人才难得。

大办福建船政

1852 年，在太平天国大军围攻长沙时，左宗棠应湖南巡抚张亮基之聘出山，正式出仕，并力保长沙城不失，他一生的功名也从此开始。之后，左宗棠在仕途上顺风顺水，他大器晚成，成为清朝的重要大臣，在朝堂上屡次发表自己的看法，之后，领衔平定太平天国运动，随后开展洋务运动，大办福建船政。

晚清时期，洋务运动在中国兴起，闽浙总督左宗棠奏准在马尾兴办船政，

▲ [船政学堂]

船政学堂是中国近代最早的军事学校。船政学堂培育了严复、邓世昌、詹天佑等一大批英才，中国近代海军五分之三的军官均出自马尾。

原江西总督沈葆桢为首任船政大臣。左宗棠认识到以蒸汽机为动力的轮船产生，是世界近代科技一大成果，并设厂造船以求发展，在办厂的同时，还创办了船政学堂。当时各省纷纷效仿开设机器局、

◀ [历史老照片]

左宗棠创办的船政制造的铁甲战船。"福星"（右）"福胜"（左）。"福星"在马江海战中被法国炮弹击中后沉没，"福胜"号欲前往营救也不幸被击沉，全部官兵皆阵亡。

▲ ［"万年清"号］

中国第一艘千吨级轮船"万年清"号、中国第一艘钢质军舰"平远"号、中国第一架水上飞机、中国近代第一支军舰队均出于马尾（船政）。

　　1885 年 10 月，马江惨败一年后，清廷成立"总理海军事务衙门"，管理全国海军事务，加快北洋海军建设步伐。到 1888 年北洋水师正式成立，清政府拥有了一支亚洲一流的近代化海军舰队。

造船厂，进口外国机器，雇请洋人制造。而福建船政局的创办方案，就明确提出必须通过制造轮船以培养中国自己的造船与驾驶人才。

　　"制器""造船"是晚清海军近代化努力中最为重要也最见成效的一环。起初，这种器物层面的努力似乎收到了较为明显的成效，然而，由于工业基础薄弱、科学素质低下、外部环境扼杀等因素，洋务派的"制器"始终难以形成自主创新能力，陷入了"落后—挨打—模仿—追赶—落后"的恶性循环。

　　晚清时期，在恭亲王奕䜣、地方督抚李鸿章、左宗棠等人的推动下，一场开启中国军事近代化进程的变革性运动拉开了序幕。这场名为洋务运动的改革主张"师夷长技以制夷"，以效仿西方富国强兵为出发点，在"练兵、制器、造船、另立海军"等方面进行了一系列军事改革，促使晚清的国防建设迈出了向近代化进军的第一步。

日军不得不议和撤退

　　1874 年，日本借口"牡丹社事件"，拥 3600 兵力在兵舰护卫下强侵我国台湾。此时福建船政建设初见成效。沈葆桢临危受命，率领由马尾船厂自造舰船和船政学堂培养的海军将士组建的福建水师前往驱敌。战斗中，福建水师舰队显示出压倒性的实力优势，使日军不得不议和撤退。

▲ ［马江沿岸炮台］

马江惨败

1883 年，清廷就越南问题与法国爆发武装冲突，后双方签订《中法会议简明条款》，但法国侵略者决定从海上进攻，逼迫清廷进一步就范。1884 年 7 月，法将孤拔率领法远东舰队窜犯至福州马尾附近海域。此时的闽江口至马江沿岸，经多年经营，形势险峻、炮台林立，并有部分克虏伯大炮，依托福建水师兵力和当地军民支持，本可拒敌于马江口。但清廷因恐影响中法"和议"和列强"调解"，放任法舰自由驶入马江，与福建水师相邻而泊。上层决策的昏庸与前敌指挥的软弱，一步步将福建水师推向了危险的边缘。1884 年 8 月 23 日，马江海战爆发。刹那间，马尾港变成血与火的炼狱。吨位、火力、防护、阵位均占优势的法军近距离猛烈突袭，让还未解缆生火、准备弹药的福建水师各舰几乎成了固定的靶标。短短不到 30 分钟，福建水师 11 艘兵舰以及多艘运输船沉没，官兵殉国 760 人。战斗中，福建水师官兵毫无惧色、力战不退，英雄气概令当时观战的美、德等国军人亦为之动容。然而，福建水师官兵虽浴血奋战，却没能逃脱惨败的结局。福建船政 18 年积累折损殆尽，此后福建水师再不复当年之盛。

马江惨败让东南沿海与台湾海峡制海权落入法国之手。残酷的现实强烈地刺激清朝统治集团进一步反思海防之策，引发清廷内部海防大讨论，形成"以精练海军为第一要务"的共识，并决定优先"精练北洋海军"。

当时的闽浙总督左宗棠爱国意识强烈，当看到西方列强大都跨海入侵，即指出："欲防海之害而收其利，非整水师不可，欲整理水师，非设局监造轮船不可。"

深远影响的船政文化

由左宗棠倡导和创办的福建船政，是 140 年前晚清政府实施洋务政策的重要产物。它不仅肇始了中国近代工业、海军、教育的发展历史，而且开启了中国现代化人才的培养进程。福建船政在中国近代科技、教育、思想、文化发展史上，树起了重要的里程碑。福建船政虽仅存 40 余年，但它却大旗独树，形成中国近代具有开创意义、发挥实际效用并产生深远影响的船政文化。

> 1884 年 6 月，左宗棠入北京任军机大臣。时值中法战争，法军孤拔于 8 月在马尾海战全歼驻扎在福建马尾的南洋水师，战局对中国不利。9 月，左宗棠奉旨以钦差大臣身份督办闽海军务，挽救战局。
>
> 1885 年正月，黑旗军和恪靖定边军先在镇南关得胜，然后以 1000 多人死亡的代价击退法军，夺取了谅山。此事导致法国茹费里内阁垮台。
>
> 在这种情况下李鸿章与法国签订了《中法新约》，其中否定了中国对越南的宗主权，改由法国全权管理越南。
>
> 左宗棠对李鸿章签订条约完全不能理解，对当时主和的李鸿章作出以下批评："对中国而言，十个法国将军，也比不上一个李鸿章坏事。""李鸿章误尽苍生，将落个千古骂名"。

> 翰林院侍读学士潘祖荫向咸丰帝的一道奏疏中评价左宗棠说："天下不可一日无湖南，湖南不可一日无左宗棠。"

中日巡洋护卫舰的对决

邓世昌

邓世昌生于 1849 年 10 月 4 日，原名永昌，字正卿，原籍广东番禺县龙导尾乡，清末海军杰出爱国将领、民族英雄。1894 年 9 月 17 日在黄海海战中壮烈牺牲。

▲ [邓世昌]

▲ [沈葆桢画像]

沈葆桢：林则徐之婿。道光二十七年（1847 年）中进士，选庶吉士，授编修，升监察御史。咸丰五年（1855 年），沈葆桢出任江西九江知府，第二年，又署广信知府（今上饶市）。太平天国起义时因保全了广信，擢升为广饶九南道道台。咸丰十一年（1861 年），曾国藩请他赴安庆大营，委以重任。出任江西巡抚，重用湘军将领王德标、席宝田等镇压太平军，1864 年捕杀太平天国幼天王、洪仁玕等。1867 年接替左宗棠任福建船政大臣，主办福州船政局。

清同治六年（1867 年），沈葆桢出任福州马尾船政大臣，同时开办前学堂制造班和后学堂驾驶管轮班。学堂开始招生，生源主要为福建本地资质聪颖、粗通文字的 16 岁以下学生，后由于生源不足，招生一直扩展到广东、香港一带，并将年龄要求放宽到 20 岁以上。邓世昌得知此消息后立刻报了名。

最伶俐的青年

邓世昌在船政学堂攻读五年，自始至终，奋发学习，自强不息，各门功课考核皆列优等。沈葆桢很看重他，称赞他是船政学堂中"最伶俐的青年"之一。清同治十三年（1874 年）2 月，被船政大臣沈葆桢奖以五品军功，任命为"琛航"运输船大副。船政学堂培养的军官开始指挥军舰，这是中国军事教育史上的一件大事，它开创了院校教育的先河。

光绪元年（1875年）正值日本侵略军窥我国台湾、澎湖、基隆诸隘时，邓世昌任"海东云"炮舰管带，巡守海口，获升千总。

接收清政府向英、德订造的四艘巡洋舰

光绪十三年（1887年）李鸿章奏派邓世昌率队赴英、德两国接收清政府向英、德订造的"致远"舰、"靖远"舰、"经远"舰、"来远"舰四艘巡洋舰。已是第二次出国接舰带船的邓世昌，此时已被大家公认是一个"西学湛深""精

据传，邓世昌落水后，所养的爱犬"太阳"亦游至其旁，口衔其臂以救，邓世昌誓与军舰共存亡，毅然按犬首入水，自己亦同沉没于波涛之中。

于训练"的海军专家。舰艇远航训练是海军官兵的必修课，特别是到深海大洋中去摔打。邓世昌认为，接舰实际上是不可多得的最好的远航训练，所以在接舰回国途中，积极组织海军将士认真进行海上训练。

邓世昌是中国最早的一批海军军官中的一个，是清朝北洋舰队中"致远"号的舰长。他有强烈的爱国心，常对士兵们说："人谁无死？但愿我们死得其所，死得值！"

▲ ［邓世昌与"致远"舰军官合影］
第二排左四为邓世昌。

▶ ["致远"舰]

"致远"舰是清朝北洋水师向英国阿姆斯特朗船厂订购建造的穹甲防护巡洋舰，为"致远"级巡洋舰的首舰。"致远"舰沉没后，清末书画家高邕（亦有资料认为光绪帝亲书）为邓世昌撰写了著名的挽联"此日漫挥天下泪，有公足壮海军威"。

▶ [日本"吉野"号]

"吉野"号是一艘快速巡洋舰，是中日甲午海战中的日本海军主力舰，是其联合舰队第1游击队旗舰。甲午海战后，"吉野"号又参加了1900年的八国联军侵华战争和1904年的日俄战争。

1894年9月17日，日本舰队突然袭击中国舰队，一场海战打响了，这就是黄海大战，战斗中邓世昌指挥的"致远"号作战最英勇，前后火炮一齐开火，连连击中日舰。日舰包围过来后，"致远"号受到重创，最后时刻他下令开足马力向日舰"吉野"号冲过去，要与它同归于尽。

这时，一发炮弹击中"致远"舰的鱼雷发射管，导致"致远"号沉没，邓世昌坠落海中后，其随从以救生圈相救，被他拒绝，并说："我立志杀敌报国，今死于海，义也，何求生为！"与全舰官兵250余人一同壮烈殉国，为甲午战争添上了悲壮的一笔。

邓世昌牺牲后举国震动

邓世昌牺牲后举国震动，被赐予"壮

节公"谥号，追封"太子少保"，入祀京师昭忠祠，光绪帝御笔亲撰祭文、碑文各一篇。清廷赐给邓母一块用 1.5 千克黄金制成的"教子有方"大匾，拨给邓家白银 10 万两以示抚恤。邓家用此款在原籍广东番禺为邓世昌修了衣冠冢，建起邓氏宗祠。威海卫百姓感其忠烈，1899 年在成山上为邓世昌塑像建祠，以志永久敬仰。

▲ [邓世昌纪念馆]

邓世昌纪念馆位于广州海珠区宝岗大道龙珠直街龙蜒里 2 号。其前身为"邓氏宗祠"，是民族英雄邓世昌的出生地。清光绪二十一年（1895 年）邓氏家人用朝廷给予的抚恤银扩建宗祠，占地面积 4700 平方米。

勒班陀海战
唐·胡安

唐·胡安（1547—1578 年）是西班牙帝国全盛时期的将军，1571 年他领导天主教联盟舰队取得勒班陀海战胜利。

唐·胡安（唐·约翰或唐·璜）是西班牙国王卡洛斯一世和芭芭拉·布隆伯格的私生子，菲利普二世的异母弟。刚出生就被交给一个巴塞罗那贵族抚养。1559 年菲利普二世带他第一次与隐居的父皇见面，赐名奥地利的唐·胡安，算是认祖归宗。之后就在西班牙王宫中与同龄的侄子唐·卡洛斯和外甥亚历山大·法尔内塞一起接受教育。

1568 年他率领一支分舰队征剿了巴巴里海盗。

1569 年被任命为镇压摩尔人起义的司令，第二年他成功地平定了叛乱。

1571 年 10 月，由西班牙、威尼斯等

▲ [唐·胡安]

国组成的天主教联盟舰队 217 艘战舰，与奥斯曼帝国阿里·巴夏指挥的 275 艘战舰激战于希腊勒班陀。唐·胡安任天主教联盟舰队司令，他把各国舰队拆散，重新混合编队，这有利于各国舰队的合作和互相监督。他还在战线前方排列六艘巨型战舰，用火炮打乱了奥斯曼帝国军队的战斗队形，此战大胜奥斯曼帝国海军，歼灭 4 万人，摧毁俘获舰只 224 艘。西班牙舰队的威名震动整个基督教世界。

勒班陀海战影响深远，奥斯曼帝国暂时失去了海上霸权，而联盟舰队则坚定了对抗奥斯曼帝国的决心，地中海的局势发生了扭转。这场海战也是排桨战船最后一次大规模使用，此后风帆战船成为海战主力。

1576 年，尼德兰局势恶化后，唐·胡安接替铁血的阿尔瓦公爵出任尼德兰总督。1578 年，他因染病死于尼德兰让布卢郊外。

中世纪初期，尼德兰是法兰克王国的一部分，法兰克王国分裂后，它分属于德意志皇帝和法兰西国王。1516 年，西班牙国王斐迪南死后，他的外孙查理一世即位。查理已经在 1506 年从他父亲（神圣罗马帝国皇帝之子）方面继承了尼德兰，这时又以西班牙国王的身份领有这片土地。从此尼德兰成为西班牙的属地。

俄罗斯海军之父
彼得一世

彼得一世（1672—1725 年），原名为彼得·阿列克谢耶维奇·罗曼诺夫，后世尊称他为彼得大帝，被认为是俄罗斯最杰出的皇帝。

◀ [彼得大帝青铜骑士雕像和钱币]

这是彼得堡标志性雕塑，当时，雕塑家法尔科内选择的模特是体型酷似彼得大帝的俄国将军。他骑的是一匹来自著名的奥尔洛夫马场的骏马。这位将军为能成为彼得大帝的模特自豪无比，曾上百次地冲上人工堆成的山丘，让骏马飞腾起来，以便法尔科内记住骏马直立的姿态。

夺回权力

彼得一世是沙皇阿列克谢一世之子，1682 年与异母兄伊凡并立为沙皇。由于彼得年幼、伊凡痴钝，由伊凡的姐姐索菲亚摄政。彼得在少年时和母亲住在莫斯科郊外的普列奥布拉任斯基村，他酷爱军事游戏，建立了"少年军"，编为普列奥布拉任斯基兵团和谢苗诺夫斯基兵团（后来这支队伍成为俄国的禁卫部队）。

1689 年 8 月，索菲亚策动射击军叛

彼得一世 1682 年即位，1689 年掌握实权发动改革。作为罗曼诺夫王朝仅有的两位"大帝"之一，他在位期间对俄国进行了政治、经济和军事等改革，他推行的欧化改革是俄罗斯变成一个强国的主要因素，被认为是俄罗斯最杰出的皇帝。

彼得大帝统治手腕高超，其身高更是达到 2.04 米，所以人们习惯性地称他为政治高人！

▶ [匪夷所思的胡须税铜牌]

胡须税是彼得大帝改革措施中的一项。征收胡须税的想法是彼得一世第一次游历欧洲时产生的，他认为胡须是无用且多余的装饰，留胡须就得出钱购买留须权。从欧洲回到莫斯科后，彼得一世召见了一些大贵族，他拿起一把大剪刀，一下子剪掉了好几个大贵族的胡须。接着，他颁布了在全俄开征胡须税的命令。留胡须的人在支付了胡须税后，将获得一块特制的铜牌。

彼得大帝征收胡须税的背后还有一个重要原因：北方战争在即，国库空虚。繁重的胡须税可快速充盈国库，为战争提供资源。

乱，企图废掉彼得的沙皇之位，彼得率"少年军"平息了叛乱，并把索菲亚关进了修道院。

彼得一世坐稳皇位后，在政治、经济、文化和军事上全面推行欧化改革，使俄罗斯逐渐成为一个强国。

建立俄国海军

1695 年春，彼得一世亲率 3 万大军对土耳其发动进攻。在亚速堡垒战争中，

奋不顾身救士兵

1724 年的一个秋日，彼得大帝在芬兰湾看见一艘在沙洲上搁浅的船，他担心几个士兵有危险，就奋不顾身跳进冰水中去救他们（圣彼得堡位处北纬 60°）。彼得大帝因此受了风寒，入冬以后病情严重起来。但他仍坚持工作，比如：派白令去堪察加探险的命令正是他在这个时候起草并颁布的（后来连接阿拉斯加和俄罗斯之间的水域被命名为白令海峡）。

因那时候的医疗水平十分有限，1725 年，彼得大帝病逝于圣彼得堡，享年 52 岁。他身后留下了从波罗的海到白令海峡，从北冰洋到里海的庞大帝国。

土耳其军队得到其海上舰队源源不断的支援，使当时还没有海军的俄军陷入困境，最终收兵败退。亚速堡垒之役的失败刺激了彼得一世。他指出："只有陆军的君主是一只手的人，而同时也有海军的君主才是两手俱全的人。"为此他决心建立一支海军。但当时的俄国没有造船工业，更没有这方面的人才。彼得一世只得从大不列颠请来 4 个海军将军及一些海军军官和技术人员。这年俄国在顿河沿岸建立了第一支舰队——河上"海军"，其装备是约 30 条帆船、一些运输船及小艇，由瑞士人莱弗特担任舰队司令。

为了发展海军，彼得一世还曾在 1697 年化装成木匠远赴荷兰学习造船工艺，他也曾到西欧考察、刺探过军情，并与波兰和丹麦结成反对瑞典的联盟，为其向西夺取波罗的海沿岸地区创造了条件。

彼得一世还趁瑞典与波兰交战之机，着手改组陆军、壮大海军。1701 年，他

在莫斯科创办了俄国的第一所海军学校。1703 年，在拉多加湖畔建立了斯维尔造船厂。同年 8 月，俄国成立了波罗的海舰队。1705 年 11 月，俄国海军陆战队诞生。

夺得北方出海口

1709 年，俄国与瑞典在俄国要塞波尔塔瓦展开了规模空前的激战。彼得一世亲临前线指挥作战，在战斗中他的帽子和马鞍都中了枪弹。此战，俄军击溃了瑞典，瑞典国王查理十二世逃到了土耳其，后来俄军又多次在波罗的海打败瑞典，并从瑞典手中夺得了芬兰湾、里加湾沿海地区，从而解决了北方出海口问题。

海军对俄国的影响

沙俄海军与西班牙的"无敌舰队"、荷兰的"海上马车夫"及强大的大英帝国舰队相比，要晚诞生 100 多年。但是这支海军一开始就致力于海上扩张，并在以后的 200 多年中，以其不断壮大的舰队多次击败土耳其和瑞典的海军，夺取了黑海、波罗的海沿岸地区。使俄国从一个原本不临海的内陆小国，变成一个海岸线绵延 4 万多千米、濒临三大洋的大帝国。

1721 年 10 月，俄国枢密院尊称彼得为"大帝"和"祖国之父"，俄国也正式改称"俄罗斯帝国"。

▲ [彼得一世纪念雕像]

彼得一世纪念雕像在基督救世主大教堂对面，展示了一代伟人的风采。

据说彼得大帝的床很窄，所以俄罗斯的床就都很窄。从这个细节，就可以知道彼得大帝无所不在的影响力了。

引发七年战争的海军上将

爱德华·博斯科恩

爱德华·博斯科恩（1711—1761年），绰号老顽童，英国海军上将，在七年战争中表现突出，参加了围攻路易斯堡和拉各斯海战等。

爱德华·博斯科恩是法尔茅斯子爵的第三子。他第一次参加战斗是在西印度群岛，当时他年仅15岁，后来在爱德华维农海军上将指挥的贝卢港之战和卡塔赫纳围困战（此战未获胜）中发挥了重要作用。

七年战争（1756—1763年），又称英法七年战争，是英法两国为争夺殖民地和霸权而进行的一场大规模战争。战场遍及欧洲大陆、地中海、北美、古巴、印度和菲律宾等地。这场战争造成了90万～144万人死亡，对于18世纪后期的国际战略格局的形成和军事学术的发展均产生了深远影响。

一战成名

1747年5月14日，博斯科恩在菲尼斯特雷角附近拦截并打败法国商船队及其护航舰队，俘获全部7艘军舰和商船队中的若干商船，因此一举成名。

31岁时他当选为特鲁罗议员，但仍在海军供职。

七年战争导火索被点燃

1755年4月，博斯科恩在纽芬兰附

特鲁罗位于英格兰西南端，为康沃尔郡郡治，是重要的港口城市，也是重要的行政中心。

土伦坐落于法国南部蔚蓝地中海岸的土伦市。

▲ [爱德华·博斯科恩]

▲ [参战菲尼斯特雷角的英国海军]

近海域巡航时，发现了法国战舰在此活动并下令开火，法舰不敌而撤退，其中两艘法舰被博斯科恩的舰队俘获，此事成为七年战争爆发的导火索。

博斯科恩在七年战争中屡立战功，1758 年晋升为海军上将，并协助杰弗里·安赫斯特将军围困并攻克了布雷顿岛上的法军要塞路易斯堡。

围歼入侵的法国舰队

1759 年，为了阻挡法国舰队通过直布罗陀海峡入侵英国，博斯科恩率英国舰队在此封锁海面时，与法国海军将领德勒克吕率领的土伦舰队相遇。经过一场残酷的战争，博斯科恩制服了法国人并把大部分法舰赶进拉各斯海湾，并使法国人的旗舰搁浅，此战他击沉了 2 艘法舰并俘虏了其中 3 艘，从而阻止了法

▲ [爱德华·博斯科恩勋章奖章]

为纪念在路易斯堡围攻（1758 年）中的勇敢将士，英国特意制造的爱德华·博斯科恩勋章。

国海军支援入侵英国的集结。

1760 年博斯科恩任陆战队上将，同年晋升元帅。

后来金钟委员会成立，博斯科恩在成立的第一届金钟委员会中任职，直到他 1761 年 1 月 10 日突然去世。

成就英国 300 年海上霸业的海盗

约翰·霍金斯

约翰·霍金斯（1532—1595 年），是英国 16 世纪著名的航海家、海盗，维多利亚时代三角贸易的开创者，他对英国海军进行的改革，是英国海军战胜西班牙无敌舰队的重要因素之一。

▲ ［约翰·霍金斯］

霍金斯于 1532 年出生在英国德文郡普利茅斯的一个商人水手家庭，他的家族是当时英格兰西部沿海一支声名显赫的海上势力，家族的许多成员都从事海外商业冒险活动。

霍金斯从小就在家族的船上经受航海训练。1554 年父亲死后，他继承父业，开始从事到西班牙和加那利群岛的贸易。通过这些活动，他不仅积累了财富，而且获悉西班牙在西印度的殖民者正急需大量奴隶劳动力。于是霍金斯决心排除西班牙政府的限制，在非洲和西印度之间从事这种获利颇丰的奴隶贸易。

霍金斯很注重收买手下人的忠诚，并用各种办法控制他们，他答应分发给他们战利品，允许他们进行私营贸易。

为了能保持在海上的生活不太糟糕，霍金斯远航前必须确保船只装有充足的淡水、饼干、啤酒、咸牛肉、鳕鱼干等物品，甚至还带有活的宠物以便发生不测时用来充饥。

此外在出发前，木桶、铲子、罗盘、压舱物、滑轮、绳索以及鼠药等，船上一应俱全。

对于人员的布置上，除了比较优秀的水手之外，还包括修补船只的工匠，会制作与修补绳索和帆布的工人们、外科医生、理发师，做饭的厨子以及会计员等。

三角贸易

1559 年霍金斯迎娶海军财务官本杰明·冈森的女儿凯瑟琳·冈森为妻。在本杰明·冈森和他的同僚以及伦敦商人的资助下，霍金斯于 1562 年 10 月率领一支船队出海，开始了他的第一次奴隶

伊丽莎白·都铎也就是伊丽莎白一世，是都铎王朝最后一位君主，英格兰与爱尔兰的女王（1558—1603 年在位），她也是名义上的法国女王。她是英王亨利八世和他的第二任妻子安妮·博林的女儿。

贸易航行。

为了便于在新海域的航行，霍金斯在加那利群岛的特内里费岛带上了一名西班牙人担任领航员，然后驶向几内亚海岸。在那里他捕获了 300 名黑人，他带着这些"活货物"穿过大西洋，前往西印度群岛的海地岛，将黑人奴隶卖给西班牙殖民者，并换取当地的兽皮、生姜、糖和珠宝。

1563 年 9 月，霍金斯满载而归。这是英国最早的"三角贸易"。作为英国奴隶贸易的创始人，霍金斯不仅赢得了名声和大量财富，也因此成为英国历史上最早进行贩卖奴隶勾当的海盗头子。

伊丽莎白一世御用商人

霍金斯的奴隶贸易引起了英国王室浓厚的兴趣。一开始，伊丽莎白一世女王责备霍金斯不该进行这种不道德贸易，但是，当霍金斯向她透露了在这次"贸易"中所获得的巨额利润后，她很快改变了主意。

1564 年，霍金斯带着表弟德雷克第二次出航几内亚。女王和她的几名枢密院官员联合一起，对霍金斯的第二次航行进行秘密投资，她将自己一艘 700 吨的海船"卢卑克的耶稣"号折合为 4000镑股份投资丁他的船队。

1565 年 9 月，霍金斯再次胜利归来。霍金斯两次贩奴活动的成功得到英国政府的赞扬，女王伊丽莎白一世专门授予他一块盾形纹章以资奖励，纹章的图饰

▲ [1565 年授予约翰·霍金斯的盾形纹章]
为了奖励霍金斯在奴隶贸易中赚取的大笔利润，女王授予霍金斯的盾形纹章。

是一个被捆绑的黑人。

由于霍金斯的走私活动威胁到西班牙帝国对海上贸易的垄断，因此引起了西班牙王室的不满。西班牙国王腓力二世强烈反对英国海上势力在拉丁美洲地区的扩张。西班牙驻伦敦大使也向英国提出强烈抗议，迫于压力，霍金斯采取了某些机变的做法。他佯称不再出海远航，却说服女王允许他进行一次最后的航行。结果证明，这次冒险是一场灾难。

1568 年，霍金斯和德雷克又租借女王的战舰再次远航，在返航途中，由于遇到飓风，他们把船停靠在墨西哥湾的西属港口维拉克鲁斯，期间遭到西班牙

◀ [被捆绑的黑人盾徽]

1565 年，霍金斯第二次奴隶贸易胜利完成后，女王伊丽莎白一世专门授予他一块盾形纹章以资奖励，纹章的图饰是一个被捆绑的黑人。

除了表弟德雷克外，霍金斯的儿子理查德·霍金斯和侄儿威廉也是当时有名的航海冒险家，先后进行过深入太平洋的远航。

军队袭击，两人不得不放弃大量财宝逃回英国。

霍金斯对英国海军的改革

1572 年霍金斯进入国会。1577 年他接替岳父担任海军财务官职务，后来又兼任海军给养官。期间，他整顿了海军财务，为女王节省了大量开支。同时，他直接领导了海军舰船的改建工作。他根据德雷克等航海冒险家的经验和实战的需要，建造了一批新的战船，这种船属于中等型号，船身高度也比原来的要低，但是行驶速度更快，行动更灵活，而且在恶劣的天气下仍能在海上执行任务。

在海战的战术上，霍金斯进一步推行以炮战为主的新打法，改变过去以靠拢敌船并登上甲板进行近战为主的传统战术。为了加强军舰的火力，一种更加轻便易带的大炮逐渐取代旧式的大炮。这种新炮反冲小、发射快、射程也更远。另外，霍金斯还建造了一些附属快船。

在 1588 年英国海军与西班牙无敌舰队决战前，英国海军已拥有载重百吨以上的战舰 25 艘，以及可在大洋行驶的附属快船 18 艘。格拉沃利讷海战和加莱海战爆发后，经过霍金斯等改进的英国舰只无论在灵活性上还是在火力上都优于西班牙舰只，从而为英国海军的胜利提供了有利的条件。霍金斯本人以海军少将和分舰队长的身份参加了战斗。由于作战有功，霍金斯被授予爵士称号。

霍金斯的改革使得英国海军不再局限于守卫英国本土、防御外敌，而是转向为未来更大规模的海外探险和殖民保驾护航，英国海军对西班牙无敌舰队的胜利也说明他的改革是卓有成效的，为英国成为后来的海上帝国奠定了基础。

魂归大海

1595 年 8 月，霍金斯与德雷克一起前往西印度进行他们最后一次海盗远征活动。船队由 27 艘战船（其中有女王的 6 艘）和 2500 名水手组成。他们于 11 月 12 日到达波多黎各岛附近。当天下午，年迈的霍金斯死在自己船上。

英国皇家海军之魂
霍雷肖·纳尔逊

霍雷肖·纳尔逊（1758—1805 年），是英国帆船时代最著名的海军将领、军事家，被誉为"英国皇家海军之魂"。

▲ [霍雷肖·纳尔逊]

在世界海军史上，纳尔逊是一个无比炫目的超级巨星，被誉为"英国皇家海军之魂"。2002 年，BBC 举行了一个名为"最伟大的 100 名英国人"的调查，结果纳尔逊位列第 9 位。

1758 年 9 月 29 日，纳尔逊出生在英国诺福克郡伯纳姆索埔村，也正是在这一年，英国政府批准建造"胜利"号战列舰。纳尔逊是家里 8 个孩子中的第 3 个。9 岁时他母亲去世，这个大家庭就由他父亲一肩担起。12 岁那年，福克兰危机爆发，皇家海军受命动员防范与西班牙爆发海战，纳尔逊的舅舅海军上校莫里斯·索克令奉命指挥停泊在查塔姆港的三等战舰"合理"号，纳尔逊趁机加入了英国皇家海军，到了舅舅的舰上当实习生。他随舰一起远航，获得了很多驾驶舰船和海上生活的经验。

福克兰危机解除后，索克令利用他的影响力让纳尔逊到一艘他的旧部担任船长的商船工作，并出发到西印度群岛一带。1773 年，纳尔逊成功争取到海军上校史格芬顿·路特维指挥的"卡尔卡斯"号任职，参与了北极探险，试图找寻通往印度的不冻航道，年仅 14 岁的纳尔逊获得了在冰海航行的经验。索克令后来升任皇家海军审计官，他的影响更加速了纳尔逊在海军中的晋升。

▲ [汉密尔顿夫人剧照和汉密尔顿夫人油画]

　　传说中，纳尔逊幼年时有一次独自出门掏鸟蛋，他稀里糊涂地走入森林深处，结果迷失了方向，无论如何也走不出去。直到深夜，他的家人才在森林深处找到他。家人问他："你这孩子怎么不害怕呢？"他很吃惊地答道："害怕是什么意思？"家人都目瞪口呆。

独眼独臂将军

　　1778 年，索克令去世，次年，纳尔逊被任命为"欣钦布鲁克"号舰长。胡德海军上将在纳尔逊的军事生涯上帮了他一把，他任命纳尔逊为"阿尔伯马尔"号舰长并带年轻的威廉·亨利王子（后来的威廉四世国王）前往西印度群岛，纳尔逊和威廉王子两人后来成为毕生好友。

　　1783—1789 年间，纳尔逊因为《航海法案》纠纷被解职，一直赋闲在家，1787 年 3 月 11 日，在威廉王子的见证下，纳尔逊和法兰西斯在尼维斯岛结婚。

　　1789 年，法国大革命爆发后，纳尔逊重新获得起用，他先是受命指挥"阿伽门农"号，归属胡德勋爵的地中海舰队。1794 年，纳尔逊忙于执行封锁和围攻土伦的任务。在围攻科西嘉岛的卡尔维时，一发炮弹打在他面前，飞来的弹片和碎石打瞎了他的右眼。三年后，在受命攻击西班牙加那利群岛时，他的右臂中弹，被迫截肢。失去了眼睛和胳膊的纳尔逊魅力不减，在有妻室的情况下，和当时的"英伦第一美人"艾玛·汉密尔顿夫人爱得死去活来，惊天动地，两人的这段浪漫史在西方历史上的知名度颇高，曾被拍成电影。

圣文森特角海战

　　1796 年 1 月，约翰·杰维斯爵士接替胡德任地中海舰队司令，杰维斯指挥很灵活，允许部下依据情况自己采取一些行动。他还是个纪律严明的人，做事样纳尔逊就可以指挥一支独立的小规模分舰队。

1797 年 2 月 14 日，英国地中海舰队（15 艘主力舰）在大西洋圣文森特角同西班牙舰队（27 艘主力舰）遭遇，展开一场激战。在这次战斗中纳尔逊果断采取行动，抛弃了当时英国海军流行的横列队形战术，只身脱离队形冲向西班牙舰队，拦住其去路，并且率舰勇敢地逼近敌舰，两次率兵冲上敌舰与敌人展开肉搏。纳尔逊的行动为英国舰队取得最后胜利起了决定性作用。此战后，纳尔逊晋升为海军少将，获得了勋爵封号。

尼罗河战役与哥本哈根战役

1798 年初，纳尔逊开始担任地中海分舰队司令，期间奉命追击入侵埃及的法国舰队。8 月 1 日晚，纳尔逊率部突袭

> BBC 在 2002 年举办的最伟大的 100 名英国人投票中，纳尔逊位列第 9，反映出他在英国人心目中的崇高地位。他与威灵顿、丘吉尔齐名，是英国历史上的三大英雄之一。

> 纳尔逊的遗体最初安放在一个烈酒箱内，并由专人看守。抵达直布罗陀后，他的遗体改放入一个边线镶上铅的棺木，棺内注入烈酒。回到英国后被放到另一个木做的棺材中，最后葬于圣保罗大教堂内的一个地下石棺中，位置正好在教堂圆穹的正下方。

> 纳尔逊死时没有留下子嗣，因此他的子爵爵位及在 1798 年册封的男爵爵位在他死后即告断绝，不过他在 1801 年另一个获封的男爵爵位和勃朗特公爵爵位，则由他的胞兄威廉·纳尔逊牧师继承，即第二代纳尔逊勋爵及第二代勃朗特公爵。1805 年 11 月 25 日英廷为了褒奖他的功劳，授予他胞兄子爵及伯爵爵位，使他成为第一代纳尔逊伯爵。

从不拖拉，对不称职的部下决不留情。他注意到了纳尔逊的热情，并利用自己的影响使纳尔逊提前晋升海军准将，这

▲ [纳尔逊接受了圣尼古拉斯的投降——油画]

了泊于尼罗河阿布基尔湾的法国舰队，击沉了法国舰队 13 艘军舰中的 11 艘，而且打死了法国舰队司令布律埃，大获全胜，被英王加封为男爵。

1800 年底，沙皇俄国、瑞典和丹麦组成同盟，共同对付英国。为瓦解它们，在 1801 年 3 月，英国帕克海军上将率 53 艘战舰组成的舰队驶入厄勒海峡。同年 4 月 2 日，纳尔逊率一支分舰队向丹麦舰队发起进攻。战斗初期，由于丹麦舰队有组织的抵抗，英军受到重创，帕克命他退出战斗，但纳尔逊不予理睬，继续进攻，在英国战舰的猛烈打击下，丹麦舰队损失惨重，被迫投降。

纳尔逊乘胜追击，将瑞典舰队和俄国舰队也赶跑了，彻底摧毁了三国同盟。纳尔逊因功被授予子爵，并接替帕克，升任波罗的海舰队司令。

▲ ［霍雷肖·纳尔逊］

在英国随处可见纳尔逊的雕像，也有以他名字命名的军舰。

特拉法加海战

1803 年 5 月，纳尔逊出任地中海舰队司令，以对付法西联合舰队。1805 年 10 月 19 日，法西联合舰队驶离西班牙加迪斯港，企图通过直布罗陀海峡前往地中海，配合拿破仑在意大利的军事行动。此时纳尔逊等候在加迪斯以西的特拉法加海域。10 月 21 日拂晓，19 世纪规模最大的一场海战——特拉法加海战开始了。参战的法西联合舰队有战舰 33 艘，纳尔逊的舰队有战舰 27 艘。纳尔逊指挥的地中海舰队摒弃了传统的战列线战术，采取分队穿插的机动战术 (称为 "纳尔逊

战法") 作战。战斗在下午 4 时许结束，英国舰队获胜，法西联合舰队 33 艘战舰中有 8 艘被击沉，12 艘被俘，人员死伤和被俘达 7000 余人，联合舰队司令维尔纳夫被擒，英国战舰无一损失，仅伤亡 1600 余人。但不幸的是，在战斗中，纳尔逊被法舰 "敬畏" 号上的步枪手击中，身负重伤。纳尔逊中弹后，在极端痛苦中硬撑了 3 个小时，当得知自己赢得了这场伟大海战的胜利后，他闭上了眼睛，年仅 47 岁的一代名将纳尔逊不幸陨落。

纳尔逊在其长达 35 年的海军生涯中，长期漂泊在大洋上，身经大小战斗不下百余次。他作战英勇顽强，在军事上敢于破除旧教条，突破传统的战略战术原则，善于在战斗中发挥独创和主动精神，这也就是他所说的 "纳尔逊风格"。

天才的海军指挥者

德米特里·尼古拉耶维奇·谢尼亚文

德米特里·尼古拉耶维奇·谢尼亚文（1763—1831年），俄国杰出的海军统帅，海军上将。他创造性地发展了帆船舰队的机动战术，并著有《海军上将谢尼亚文的笔记》一书。

谢尼亚文1763生于今俄罗斯卡卢加州博罗夫斯克区科姆列沃村的一个庄园。1780年毕业于海军武备学校，先后到亚速海区舰队和黑海舰队服役，1783年协助建设塞瓦斯托波尔的海军基地。

在谢尼亚文的海军生涯中，由他直接指挥的最著名战役要数阿索斯海战了。

▲ [谢尼亚文]

阿索斯海战

1807年2月，反法同盟国俄罗斯派遣谢尼亚文中将指挥的地中海分舰队封锁达达尼尔海峡，并攻占南端出口处的特内多斯岛，作为封锁海峡的分舰队基地。

法同盟国土耳其苏丹对谢尼亚文的封锁极为恐慌，命令赛义德·阿里上将率分舰队于5月19日冲出海峡与俄分舰队决战，经过多次战斗，土耳其舰队未获得胜果，只得退回海峡内部，伺机而动。

谢尼亚文为防止土耳其舰队在遭到攻击后再缩回海峡，制定了诱敌计划。

在6月27日这天，俄分舰队假意离开基地，驶至伊姆罗兹岛附近海域，土

耳其舰队发现俄国舰队基地空虚后，立即开始炮击俄国分舰队要塞，次日又增派7001人的陆战部队登上该岛开始围攻要塞。6月29日俄舰队迅速返航驶回基地包抄土耳其舰队，土耳其舰队见无法撤回海峡，只能迅速将分舰队撤至海上。

谢尼亚文一路追击，直至7月1日在靠近阿索斯半岛附近海域与土耳其舰队遭遇。谢尼亚文当即下令发起攻击，

经过一天激战，土耳其舰队共损失战列舰 3 艘、巡航舰 4 艘、轻巡航舰 1 艘，而俄军舰船则无一损失。

俄舰队在阿索斯海战中获胜，不仅巩固了俄舰队在地中海的地位，也加强了对达达尼尔海峡的封锁，再加上俄国陆军在多瑙河与高加索地区的胜利，迫使土耳其于 1807 年 8 月与俄国签订和约。

被迫投降

随后，俄国由于《提尔西特和约》的签订，退出第四次反法同盟，谢尼亚文则率领剩下的舰船驶往波罗的海，参与俄国即将对瑞典发起的芬兰战争。

同年 11 月，由于天气原因，谢尼亚文的舰队在里斯本抛锚，只得停靠在海岸口，恰好此时，英军封锁了里斯本港，并将谢尼亚文的舰队当成敌舰对待。当时俄国中立的立场，使得夹在英、法两大敌对阵营之间的谢尼亚文处境极为尴尬。

被封锁期间，拿破仑曾数度派人劝说谢尼亚文协助法国共同打击葡萄牙人和西班牙人。谢尼亚文对此坚决拒绝。

英国海军占领了里斯本港后，要求谢尼亚文投降，否则将对俄舰队开战，在此情况下，谢尼亚文与英军达成一项保全军舰的协议，答应暂时交出舰只，待 6 个月后战争结束时英国再如数归还。谢尼亚文这一"成功的外交"，不仅没有得到沙皇的好评，而且他回到彼得堡后还受到降职处分。1813 年，他被解除了职务。直到 1825 年，俄土关系再度恶化，谢尼亚文才被重新起用，出任波罗的海舰队司令，次年被晋升为海军上将。1827 年，他率领舰队重返地中海，与英、法分舰队协同作战，在著名的纳瓦里诺海战中，彻底消灭了土耳其舰队。

谢尼亚文于 1831 年 4 月因病去世，终年 68 岁。

> 谢尼亚文首次采用以战术群（每群 2 艘军舰）攻击敌人单艘军舰的作战方法，从而能在局部造成对敌的炮火优势。他非常重视战斗过程中的兵力机动和各个击破的战术。他认为，舰员的战斗训练，尤其是驶帆和火炮射击训练，具有重大意义。他对水兵仁慈，深受他们的尊敬。

▲ [亚历山大·涅夫斯基修道院]

1831 年 4 月，谢尼亚文逝世，俄皇尼古拉一世为他在亚历山大·涅夫斯基修道院举办了盛大的葬礼。

英格兰的缔造者
阿尔弗雷德大帝

阿尔弗雷德（849—899 年），是英国历史上唯一一个被冠以"大帝"称号的君主，被后人尊称为英国国父。他不仅结束了英格兰"七国时代"的割据纷争，还阻挡了维京人的侵略，使英格兰人民形成了统一的民族意识。

阿尔弗雷德是韦塞克斯国王埃塞尔沃夫和第一任妻子奥斯博嘉所生的幼子，5 岁时被送到罗马，罗马教皇利奥四世为他进行了坚振礼，还授予他罗马执政官的资格，这相当于承认了阿尔弗雷德作为韦塞克斯王国皇储的身份。不过阿尔弗雷德有 3 个兄长，所以他能否登上王位还是个未知数。

856 年他陪同在罗马朝圣的父亲回到英格兰，同一年他的二哥埃塞尔巴德预谋篡位，韦塞克斯笼罩在内战的阴影之中，最终因为国内的贵族都不支持战争，双方在贵族都参与的会议中达成了妥协：他的父亲统治东部，主要包括新占领的土地；他的二哥埃塞尔巴德统治西部，也就是原来韦塞克斯王国的领土。858 年他的父亲去世后，韦塞克斯再度成为统一王国，并由阿尔弗雷德的 3 位兄长依次继承王位。

阿尔弗雷德的政治生涯开始于 866 年即位的其三哥埃塞尔烈德统治时期。做为皇位继承人的他全力辅佐哥哥，从 868 年开始，他就协助兄长抵抗丹麦人的

▲ [阿尔弗雷德大帝]

入侵，尤其是 871 年，这一年被称为"阿尔弗雷德战争年"，韦塞克斯人在埃塞尔烈德和阿尔弗雷德的共同领导下与丹麦人发生了 9 次大大小小的战争，其中 5 次被著于《盎格鲁－撒克逊编年史》中，其余 4 次没有留下相应的文字记载。

抵抗丹麦维京人

871 年 8 月，阿尔弗雷德登上王位。当阿尔弗雷德忙于兄长葬礼的时候，丹麦人发动了对英格兰的战争并取得胜利，并在很快发动的威尔顿战役中再次取胜。在威尔顿战役之后，阿尔弗雷德彻底丧失了将丹麦人驱逐出英格兰的希望，只能祈求与他们"和平共处"，没有人知道阿尔弗雷德为这所谓的和平付出了什么代价。

此后 5 年里，丹麦人占领了韦塞克斯王国之外的大部分英格兰土地。在 876 年之后，丹麦人的新首领古斯伦带领他们绕过了韦斯克斯军的防守，占领了多塞特郡的维尔汉姆。尽管阿尔弗雷德封锁了古斯伦和他的军队，但依然无法夺回维尔汉姆。双方僵持不下，最后同意和解，内容包括交换人质和停止战争。但是丹麦人马上又违背了承诺，在杀掉了所有的人质之后，连夜转移到了德文郡的埃克塞特。在那里，阿尔弗雷德再次对丹麦人进行了封锁，由于给养船只被暴风雨摧毁，丹麦人不得不投降。他们后来从麦西亚撤退了。

▲ [公元 880 年，阿尔弗雷德大帝的硬币]

阿尔弗雷德把一天的时间分做几段，每一段时间集中做一件事，为精确地划分时间，他做了一批大小相同的蜡烛，在固定的地方刻上凹槽，让它们时刻燃烧。但蜡烛刚做出来时，他发现从门窗和墙缝中吹进来的风或扰动的气流，使烛火闪烁不定，不能均衡地燃烧。为此，他把蜡烛放进木制或羊角容器中，就这样英格兰的灯笼出现了。

阿尔弗雷德的继承人长者爱德华（899—924 年在位）于 918 年将丹麦人彻底赶出了英格兰。自阿尔弗雷德开始，其连续 5 位子孙都是尚武的国王，打败了不断入侵的维京人，使撒克逊人的统治在英格兰全面复兴。

扩大势力范围

878 年的 1 月，丹麦人再一次突袭了位于切本哈姆的城堡，阿尔弗雷德正在此地逗留。丹麦人杀了大部分的人，阿尔弗雷德只带了一小队人马逃难。此后，他在萨默赛特郡的沼泽地找到了一个小岛—阿塞尔内，并在岛上建立了堡垒，依靠这个堡垒与海盗持续抗争。这年春天，他在艾丁顿大败丹麦军队，这次胜利成为战争的转折点。古斯伦领导的丹麦人从韦塞克斯撤退，并同意维持永久和平。通过与丹麦人的协议，阿尔弗雷德获得对本国及邻国麦西亚的统治权。

在与拒绝接受协议的其他丹麦人战斗时，阿尔弗雷德将自己的权威扩展到了英格兰的北部和东部。886 年，他占领了伦敦，一切不接受丹麦统治的英格兰人都拥戴他为国王。

892 年，一支丹麦大军由欧洲大陆进攻英格兰，阿尔弗雷德对其迎头痛击。丹麦人见难以获胜，只好宣布停战，撤回了他们的海盗队伍。丹麦人之所以铩羽而归，主要是阿尔弗雷德在交战期间采取极为稳妥的防御措施，他加固了旧有的要塞，在战略要地修建新的堡垒。而且此时的英格兰在他的领导下，建造了更大的军舰，并拥有了大量训练有素的水兵。

为了进一步扩大自己的影响，他将女儿艾塞尔弗列德（869—918 年）嫁给北部的麦西亚国王，从此与麦西亚结盟。此时的英格兰除了丹麦法区（实行丹麦法律的地区）在丹麦人的控制之下外，基本上都在阿尔弗雷德的统治之下了。

英国海军之父

为了抵抗丹麦维京人的入侵，阿尔弗雷德还仿照维京人的龙头战舰，打造了一支强大的海军。维京人的战舰虽然大小不一，但一般都不超过 40 支划桨。而阿尔弗雷德所建造的战舰都拥有 60 支划桨。正是凭借战舰体积和载员上的优势，阿尔弗雷德的舰队才敢入海与维京人作战。882 年阿尔弗雷德首次率领舰队出海，便取得了俘虏 4 艘维京战舰的战绩。可以说英国皇家海军起始于阿尔弗雷德时代，一步步从弱小发展到最后纵横四海，成为海上霸主。

晚年的阿尔弗雷德染上了一种可怕的病，谁也不知道那是什么病，他的脾气变得暴躁，身体常常疼痛，无药可施。899 年，阿尔弗雷德在统治英格兰 30 年后去世了，年仅 53 岁。

阿尔弗雷德在罗马所受的教育使他明白文化的重要性，因此把一些拉丁语著作翻译为古英语，让不懂拉丁语的英格兰人民也能感受到古典文学作品的经典。同时，还组织修建了学校，让英格兰人民在教育方面提升了一定水平。同时编纂了《盎格鲁－撒克逊编年史》，这本书是记录古代英国的重要史料。

北海帝国海盗君主
克努特一世

克努特一世是当时西北欧真正的霸主，是诺曼人征服时代的风云人物，他使丹麦国势达到鼎盛，史称"克努特大帝"或"克努特一世"，其统治的王国被称为北海帝国，他的统治是北欧海盗最后的辉煌，自此之后，北欧海盗再也没有取得过骄人的战绩。

公元 995 年，被称作维京"八字胡须王"的丹麦国王斯凡迎来了他第二个儿子的出生。这个孩子就是日后被称作克努特一世的传奇维京国王。1012 年，斯凡率军击败英王邪恶顾问埃塞尔雷德二世，并于 1014 年征服了英格兰大部分地区，成为第一个被英格兰人承认为国王的丹麦人。

▲ [克努特一世画像——中世纪]

成为英格兰国王

斯凡死后，他的儿子哈拉尔和克努特瓜分了父亲的帝国，哈拉尔当丹麦国王，克努特当英格兰国王。但英格兰民心尊崇阿尔弗雷德大帝的后人，拒绝克努特当他们的国王，克努特被迫回到丹麦。

1015 年，在哈拉尔支持下，克努特率领一支共有 200 艘海盗船的船队来到英格兰，与埃塞尔雷德二世的儿子埃德蒙二世的军队展开了激战，双方互有胜负。由于丹麦海盗骁勇善战，此战最终打败了英格兰人，但未能彻底令英格兰人屈服。1016 年，他与英国人达成妥协，英国一分为二，由他与埃德蒙二世分治。这也是丹麦海盗历史上最后一次大规模远征。同年11月，埃德蒙二世去世，克努特控制了英格兰并继承了英格兰王位。1017年，他与前英格兰王埃塞尔雷德二世的遗孀诺曼底的埃玛结婚。1019年，丹麦国王哈拉尔突然去世，克努特回国继承了丹麦王位。这样他就同时成为丹、英两个王国的国王。

建立御林军

年纪轻轻的克努特成了一个庞大帝国的统治者，但他并没有因此而满足。北欧人崇尚武力的血液在他的身体里跳动。他新建了一支小型的精锐部队"御林军"，这是一支由富家子弟和年轻的贵族后裔组成的军队。他们总是跟随在克努特左右，吃住都在宫里。他们有严格的纪律，就像约姆斯堡的海盗那样，生活极为苛严，纪律严明，战斗力很强，对克努特忠心耿耿。这支军队对维持克努特的帝国作用重大。

征服挪威和瑞典

在克努特的声望如日中天的时候，挪威国王奥拉夫二世的统治却出现了危机，挪威人对其极为不满。1028年，克努特在挪威贵族的支持下乘机进军挪威并打败了奥拉夫二世。奥拉夫二世逃亡国外，克努特又当上了挪威国王，同时统治瑞典南部地区，1030年，他又击败

了奥拉夫二世的反扑，并且杀死了他。这样，克努特建立了包括今丹麦、挪威、英格兰、苏格兰大部和瑞典南部的大帝国，被尊称为"克努特大帝"，他的帝国也被称为"北海帝国"，是历史上唯一一个几乎统一了北海沿岸地区的帝王。

在他的大帝国中，克努特更喜欢英格兰，一年的大部分时间都住在英格兰。在英格兰，他开始时以征服者的身份强硬统治，但后来渐渐转而采用绥靖政策，给教堂大量捐款，取得当地教会的信任和支持。他还为消除丹麦人和英格兰人之间的嫌隙而努力。自他的祖父蓝牙王起，丹麦王室就以基督徒的身份治国，克努特多次派牧师到丹麦传教布道，在他统治时期，丹麦的基督教发展迅速。

政治手段

克努特住在英国时，他就让他的妹夫乌尔夫伯爵在丹麦当副王。乌尔夫企图利用丹麦人对克努特的不满，阴谋夺取权力。克努特闻讯后，迅速回到丹麦粉碎了这一阴谋。乌尔夫逃进了一所教

克努特有过两位王后。第一位王后是北桑普顿的艾尔夫吉夫，生有两个儿子：斯韦恩·克努特森和哈罗德一世（即兔足王）。

第二任皇后是诺曼底的埃玛，生有一儿一女：哈德克努特（英格兰王，1040—1042年在位）和丹麦的贡希尔达。

堂。他以为教堂是圣地，克努特不会来杀他。但是，克努特的士兵在教堂里抓住了乌尔夫，并在圣坛前杀死了他。克努特虽然因此向他的妹妹和教堂付了一大笔罚款，但还是可以看出，克努特的思想中有基督教忏悔的一面，也仍留存有奥丁神好勇斗狠的一面，他正好反映了此时丹麦两种宗教交替时代的复杂性。

克努特还主持编纂了《克努特法典》，明文规定了国王的权力。同时为了拉拢人心，克努特在英国设立了 4 个伯国，其中韦塞克斯伯国由丹麦人戈德温统治，4 个伯爵都是一方诸侯，都有很大权势，而韦塞克斯伯爵戈德温在 4 个伯国里的势力是最强的。

1035 年，克努特大帝去世，他的北

▲ ［克努特钱币］

海大帝国很快就分崩离析，成为历史上的昙花一现。他的统治是北欧海盗最后的辉煌，自此之后，海盗王国再也没有取得过骄人的战绩。

▲ ［北海］

美国海军之父
约翰·保罗·琼斯

约翰·保罗·琼斯（1747—1792年），生在苏格兰，长在英国，死在法国，成名于美国，却在俄国圆了自己的将军梦。

约翰·保罗·琼斯原名约翰·保罗，1747年出生在苏格兰的一个工人家庭。他从小就喜欢大海，13岁时做了水手学徒，开始在大海上闯荡。这个年轻人确实是一个航海天才，19岁时便成为当地最年轻的大副，21岁就当上了船长。

1773年，琼斯的船上因工资问题发生哗变，琼斯盛怒之下杀死哗变主谋，结果被英国政府通缉，只能外逃，后来到了美国，并将名字改为约翰·保罗·琼斯。

当时的美国正处于独立战争时期，急需海军人才，琼斯一经出现便被任命为海军中尉，指挥一艘武装商船。当时

▲ ［约翰·保罗·琼斯］

◀ ［约翰·保罗·琼斯（左）——1930年发行的纪念邮票］

琼斯所在的军队只有 5 艘商船，如此薄弱的海军力量肯定是不足的。于是琼斯率领他的船四处出击，不久便俘虏了 16 艘英国商船，并把船开到了当时的政治中心费城，此举令琼斯的上级对其颇为赏识。

1777 年底，琼斯奉命率舰队孤军深入英国海域，骚扰英国战船，期间琼斯击沉、俘虏了多艘英国船只，令琼斯在英国海军中名声大噪，皇家海军派出一支庞大的舰队去消灭琼斯，但未能如愿。

1779 年 9 月底，琼斯的舰队在北海的弗兰佰勒角，与一支英国舰队遭遇。英军舰队的主力是一艘拥有 52 门大炮的新型战船，战斗开始不久，琼斯所乘的船便中弹开始下沉，英国人趁机劝琼斯

投降，琼斯自信地回击："我还没开始战斗呢！"于是，他用自己快要沉没的船冲向了敌舰"塞拉皮斯"号，英舰躲闪不及，两船相撞之际，琼斯率先跳向英舰，双方开始近身肉搏，最终，琼斯的英勇气概摧毁了敌人的意志，"塞拉皮斯"号舰长皮尔逊摘下佩剑，向琼斯投降。

这场胜利使琼斯威震大西洋两岸。美国国会授予他上校军衔和一枚金质奖章，使他成为美国海军中获此殊荣的第一人。法国国王路易十六也亲自向他授勋，赠给他一把黄金宝剑并封他为骑士。但之后的时间，琼斯的事业陷入了衰退，他曾主持建造当时美国最大的战舰"美国"号，但该船建成后却卖给了法国人。后来，琼斯还在法国和俄国海军中谋得了职位，甚至在俄国获得了海军少将军衔，但他无法容人的性格注定了他的失败，在俄国他被诬陷犯有强奸罪，灰溜溜地离开了这个国家。

1792 年 7 月 18 日，45 岁的琼斯因黄疸病和肾炎在巴黎去世，1905 年他的遗体被运回美国，其墓志铭上的刻字为："他给我们海军以最早的英雄主义传统和胜利。"

> 琼斯在 1777 年俘虏的英国战舰中有"德雷克"号，这艘战舰以英国历史上大破西班牙无敌舰队的海盗英雄德雷克命名，却被破烂落后的美国军舰俘虏，所以令英国人大为恼火。

◀ [约翰·保罗·琼斯海盗漫画——英国人绘]

西班牙"士兵之父"

圣克鲁斯侯爵

圣克鲁斯（1526—1588 年），原名阿尔瓦罗·德·巴赞，1568 年被封为圣克鲁斯侯爵。他是一位出色的西班牙海军将领，号称西班牙"士兵之父"，在西班牙军人中他的名气仅仅次于费尔南德斯。

阿尔瓦罗·德·巴赞 1526 年 12 月 12 日生于西班牙南部的小城格拉纳达，父亲是西班牙的海军军官，巴赞从小就受家庭的影响，向往军旅生涯。

被封为圣克鲁斯侯爵

阿尔瓦罗·德·巴赞 17 岁就穿上了海军军服，参加了西班牙反法战斗。之后受命指挥西班牙一支分舰队与阿尔杰尼亚海盗作战，战绩突出。1562 年被任命为直布罗陀终身市长，并负责指挥那里的海军舰队。1568 被任命为那不勒斯海军司令，次年被封为圣克鲁斯侯爵。

大胜土耳其

1571 年由西班牙、威尼斯等国组成的天主教联合舰队 217 艘战舰，与土耳其的 275 艘战舰激战于希腊勒班陀海域。土耳其军队紧紧咬住盟军教皇舰队，并且几乎全歼了教皇近卫精锐部队，在此危急情况下，圣克鲁斯侯爵率舰队奋勇杀入，解救了教皇舰队，并拦截了土耳其的进攻。之后在西班牙舰队司令唐·胡安的接应下打败了土耳其，并攻占了土

▲ ［圣克鲁斯侯爵雕像］

耳其控制的哈马特海湾。勒班陀海战中天主教联合舰队大胜土耳其海军，歼灭土军 4 万人，摧毁俘获舰只 224 艘。西班牙舰队的威名震动整个基督教世界。也正是因为此战的功绩，圣克鲁斯侯爵接管了西班牙的大部分地中海海军。

成为西班牙舰队总司令

勒班陀海战后，圣克鲁斯侯爵奉西班牙国王腓力二世的旨意，在 1580—1583 年期间，先后协助费尔南德斯将军征服葡萄牙；打败了据守在亚速尔群岛的葡萄牙安东尼奥的部队；在圣米格尔海战中打败了法国舰队。此后圣克鲁斯

侯爵成为西班牙舰队总司令，盛名散布于欧洲，成为西班牙士兵口耳相传的传说和"士兵之父"。

圣克鲁斯侯爵病逝

1585 年西班牙国王腓力二世批准圣克鲁斯侯爵率舰队入侵英格兰的计划。不过，该计划因为经费筹备受挫，圣克鲁斯侯爵精心准备的远征未能按时出征。直到 1587 年终舰队才起航，而此时英格

兰的德雷克得悉西班牙海军即将来犯，他率领一支由 23 艘战船组成的舰队前往西班牙加迪斯的多个港口，在英军的奇袭下，虽然停泊在港口的舰队没有损伤，但是物资却被烧毁。这是西班牙 61 岁的圣克鲁斯与英军年轻的将领德雷克的一次较量，这次较量使得圣克鲁斯侯爵心力交瘁，在国王腓力二世的催促和物资缺乏的情况下，1588 年 2 月 9 日圣克鲁斯在里斯本猝然死去，终年 62 年。

西班牙国王腓力二世是西班牙最伟大的国王之一，他统治下的西班牙国力昌盛，曾致力于开拓哈斯堡王室和天主教阵营在欧洲的霸权，毕生与法国、英国、奥斯曼土耳其及各国新教势力斗争。

▲ [西班牙大帆船]

腓力二世在位期间，西班牙大帆船已经逐步形成了自己的风格，能很轻松地抵御桨划船，就像上图中在与荷兰海战中的大帆船一样。大名鼎鼎的西班牙无敌舰队就是由这种船组成的，套用著名海盗约翰·霍金斯的话说，这是"创世以来最大最强的联合舰队"。

荷兰海军上将
马顿·特罗普

马顿·特罗普（1598—1653 年），17 世纪荷兰著名海军统帅，荷兰共和国最伟大的海军上将之一。他在唐斯之战中击败了西班牙人，使西班牙海上霸权的地位渐趋丧失。

马顿·特罗普又译为马尔腾·哈珀茨松·特罗姆普。为了和其次子科内利斯·范·特罗普（小特罗普）区别，也简称为老特罗普。

复仇的种子

1598 年 4 月 23 日，马顿·特罗普出生于荷兰一个海军军官家庭，从小父亲就喜欢带着特罗普在海上航行，在特罗普 11 岁那年海盗劫掠了父亲的军舰，特罗普亲眼看到父亲被海盗杀害，自己也被迫在海盗船上待了 2 年才找到机会逃回荷兰。这次与海盗的遭遇，在特罗普心里种下了复仇的种子。

歼灭海盗集团

为了达到复仇的目的，特罗普于 1617 年加入荷兰海军，参与对抗阿尔及利亚海盗并获得成功，之后他离开海军，在随商船赴地中海途中再次落入海盗之手，一年后他又逃脱了。1619 年特罗普再一次加入荷兰海军，因为他勤奋好学、忠于职守，以及在与海盗作战中表现英勇，受到上司的赏识和不断提拔，很快

▲ [马顿·特罗普]

马顿·特罗普的次子科内利斯·范·特罗普也是荷兰海军中将，在第一次英荷战争期间表现出色，为了与父亲区别，科内利斯·范·特罗普被称为小特罗普。

成为荷兰海军中校，之后任上校舰长、旗舰指挥官，不久被提升为海军中将，统率荷兰舰队。1639年2月，他率部击败了敦刻尔克海盗船队，并在1646年与法军合作将此海盗集团彻底歼灭，打通了荷兰商船队的海上通路。

唐斯之战

1639年2月，由西班牙和葡萄牙组成的西葡舰队，闯进了荷兰海域，目的是找到并击败荷兰舰队，控制英吉利海峡，封锁荷兰的港口，企图征服荷兰。

西葡舰队被正在此海域巡逻的特罗普发现了，特罗普一面向本土求援，一面指挥他的分舰队：仅有的13艘战舰迎了上去，冲向拥有77艘战舰的西葡舰队，西葡舰队被突如其来的荷兰舰队冲乱了队形，无心迎战，舰船争相逃入当时中立国英国的唐斯海域。

在这个过程中，荷兰临近海域的舰船收到特罗普的求援信号，100多艘荷兰舰船纷纷冲向了唐斯海域。在激战中，

▲ [马顿·特罗普版画（局部）]

画中的马顿·特罗普坐在马车上，周围的海妖、海怪高举旗帜，象征他在海上拥有的绝对权力，身后是他的海军舰队。

特罗普指挥舰队以火攻船突入敌舰群，使得西葡舰队争相逃命，互相冲撞，一片混乱。荷兰舰队大败西葡舰队，击毁和俘获战船近60艘，毙伤官兵达万人，这就是著名的唐斯之战。西班牙海军经过这次打击后，其海上霸权地位进一步丧失。

此战也使特罗普赢得了极大的声望，他也成为荷兰人心中的民族英雄，并晋升海军上将，成为荷兰海军的精神领袖。

英荷第一次海战

1652年，由于英国攻击荷兰商船，引发两国大规模的船舰对抗。英国海军封锁了海上航道，荷兰则组织舰队护航，

▲ [马顿·特罗普纪念币]

双方海战逐渐由封锁反封锁的贸易战，发展为主力舰队间争夺制海权的决战。特罗普作为荷兰海军的主帅连续两次带舰队，冲破了英海军主帅布莱克的封锁。但终因荷兰海军总兵力不如英国强大，最后还是被英国强行封锁海上通道，使荷兰的海上贸易几乎到了崩溃的边缘。特罗普不忍目睹国家的败亡，1653 年 8 月 8 日，他亲率荷兰舰队冲向英军封锁线，与英国舰队在斯赫维宁根海域展开激战，在战斗中，特罗普突然中弹身亡，荷兰舰队见海军统帅阵亡后，放弃了抵抗。

特罗普被葬在代尔夫特，纪念碑造型是他阵亡的那一刻，背景是一艘燃烧着的英国战舰。在与英海军主帅布莱克的三次对决中，特罗普赢得了两次胜利，最后一次却中弹身亡失败了。特罗普作为荷兰的英雄很快被神化，他赢得了荷兰大众以及他的对手英国人的尊敬。

▲ ［英荷第一次海战之波特兰海战（局部）］

奥斯曼土耳其帝国海军改革者

凯马尔·列伊斯

凯马尔·列伊斯（1451—1511年），又译为凯莫尔·赖斯，土耳其海军提督，奥斯曼土耳其帝国海军改革者。他是著名的海军将领兼地图学者皮里·赖斯的叔父。

1451年凯马尔·列伊斯出生于小亚细亚半岛的一个叫喀拉曼的小国，在凯马尔17岁那年，奥斯曼土耳其征服了喀拉曼。凯马尔和其他年轻人一样加入了奥斯曼土耳其帝国的地方武装队伍。

崭露头角

最初凯马尔在埃维亚岛地区总督舰队里服役，主要任务是私掠各国往来商船。

因为凯马尔的努力和勇猛，他很快就有了属于自己的帆船，之后频繁的海盗活动使得凯马尔成为北非和爱琴海一带非常有名的海盗。以至于奥斯曼土耳其苏丹都非常赞赏凯马尔的勇气和才干，于是给了他一支舰队参与支援格拉纳达埃米尔国，对抗阿拉贡王国和卡斯蒂利亚王国联军的攻击。凯马尔率领舰队出色地完成了军事任务，他还救回了许多遭到宗教迫害的人和犹太学者前往土耳其。正是这些人和犹太学者，为日后奥斯曼帝国的强盛做出了巨大贡献。1495年，凯马尔因功被奥斯曼土耳其苏丹巴

▲ [凯马尔·列伊斯画像]

耶济德二世授予海军将领的头衔，正式成为帝国海军的一员。

海军改革

凯马尔在能力范围内推动了海军的军事改革。凯马尔认为依赖帆桨加列战舰的时代已经过去了，他大力推广西班牙式大帆船，并利用奥斯曼土耳其帝国

独步全球的火炮技术，将火炮大量装载在舰上，这样的舰船最多可装载700人上船战斗。

嚣张的海盗行为

凯马尔对自己创造出来的新战舰十分满意，1496年凯马尔指挥5艘新型战舰和一些小帆船组成的舰队，悬挂上海盗旗帜，从伊斯坦堡出港航向意大利南方的塔兰托，在那里他将那不勒斯的海军彻底摧毁，并沿着南意大利整个劫掠了一遍，赃物所得则和苏丹五五分账。

凯马尔还率领这支强大的舰队袭击了据守罗德斯岛的圣约翰骑士团、葡萄牙与西班牙商船和落单航行的威尼斯商船。面对凯马尔接连的挑衅骚扰，威尼斯政府则是试图无视他的舰队，咬紧牙关小心让步，唯恐引爆战火。

威尼斯战争

1499年凯马尔再次带着他的强大舰队南下。

威尼斯海军总长安东尼奥·格利马尼带领舰队出航，希望能够阻止奥斯曼土耳其舰队南下。双方舰队爆发遭遇战，面对着不论武器的质和船舰的量都远胜己方的土耳其对手，威尼斯海军依然奋力一搏。威尼斯军人以自杀的方式和凯马尔的舰队作战，最后仍然失败。虽然这次战役凯马尔舰队的损失较为严重，有2000多人战死，但是却使得威尼斯人的士气大受打击，也令西欧基督教世界

对奥斯曼土耳其帝国的舰队另眼相看，并从此建立了奥斯曼土耳其帝国大约70年的海上霸权时代。

凯马尔因为这一场胜利而名声大噪，奥斯曼土耳其苏丹再次下令从战利品中抽出10艘威尼斯桨帆船赐予他作为这次辉煌胜利的奖赏。

此后凯马尔和威尼斯海军多次交战，使得威尼斯海军闻风丧胆，凯马尔在威尼斯人眼中，俨然是一个令人望而生畏的海军战神了。从此，威尼斯不仅在希腊的海面上一蹶不振，连在北意大利的

[凯马尔·列伊斯的旗舰]

本土也开始受到奥斯曼土耳其帝国陆军的威胁，直到 1503 年，威尼斯共和国在来自陆路和海路的双重威胁下，不得不派遣使臣向奥斯曼土耳其帝国求和。

劫掠不止

在与威尼斯的战争中取得绝对优势以后，凯马尔又开始把目光投向了西地中海世界。

1501 年 6 月，凯马尔和他的侄子皮里·赖斯率领着 36 艘舰船，占领了皮阿诺萨岛，获得了很多俘虏。以此岛作为基地，凯马尔的陆战部队又在皮翁比诺登陆，抢劫了周边数个城镇。他的舰队还先后经过了撒丁岛和马略卡群岛，抢劫了沿岸的城镇。

从 1501 年 8 月到 1502 年 3 月，凯马尔做了一次跨越直布罗陀海峡的远航，通过沿途抢掠征服。使凯马尔了解到了在旧大陆的另一边存在着另一块新的大陆的事实，也给奥斯曼土耳其帝国的人带来了更多新的地理知识。

1509 年底，凯马尔率领舰队再次驶入第勒尼安海域进行了数次抢掠活动。

1510 年 9 月，凯马尔受命前往埃及，以援助马穆鲁克海军在印度洋与葡萄牙人的战争。1511 年初，他的舰队遇到一场罕见的巨大风暴。凯马尔的旗舰不幸在暴风雨中沉没，他与船一道葬身海底。

▲ [在威尼斯战役中与凯马尔·列伊斯对战的将领安东尼奥·格利马尼]

在 1499 年的战役中，威尼斯方的海军总将领为安东尼奥·格利马尼，此战中威尼斯方仅有 17 艘大帆船、47 艘桨帆船及其他小型排桨舰，兵力约有 12 000 名水军，虽然兵力不足凯马尔数量的一半，但他依然勇敢出战。

葡萄牙的第一任印度总督
阿尔梅达

弗朗西斯科·德·阿尔梅达（1450—1510年），是葡萄牙的第一任印度总督，可称为欧洲人在亚洲的殖民先驱。其对航海和海战都颇有造诣，是最早的近代式海军将领之一。

阿尔梅达约于1450年生于葡萄牙的里斯本，是阿布兰特伯爵德·阿尔梅达的次子，早年参加了收复失地运动，多次与阿拉伯人作战，战功卓著。

第一任印度总督

1505年3月，阿尔梅达奉国王曼努埃尔一世之命率领21艘船前往印度，任葡萄牙的第一任印度总督兼船队总司令，他的任务是在印度洋沿岸城市修建要塞，同时在红海口修建要塞遏制马穆鲁克苏丹的贸易，解决卡利卡特问题，令四周城市称臣纳贡并开拓新疆域。

1505年7—8月，他沿途攻占了东非城邦基尔瓦，并洗劫了蒙巴萨。抵达印度后，他赶走了苏丹，建立了葡萄牙在印度洋的第一座石头要塞，并在柯钦等地建立了要塞据点，加强了对印度的控制，同时探察了马尔代夫、斯里兰卡等地。

▲ ［弗朗西斯科·德·阿尔梅达］

儿子在战争中牺牲

由于修建要塞触犯了邻国的尊严，葡萄牙人经常被袭击，阿尔梅达请求国王派兵增援保护已经拥有的领地，然而葡萄牙国王曼努埃尔一世不但没有答应派增援，反而决定派阿尔布开克取代阿尔梅达，无助的阿尔梅达号召大家拿起

▲ ［受命前去印度的阿尔梅达所乘的帆船］

武器，同仇敌忾地打击反葡萄牙联盟。

在一次巡航中，阿尔梅达的儿子洛伦索带领的 8 艘船，遭到了以埃及为首的反葡萄牙联盟的 45 艘军舰组成的舰队的突然袭击，洛伦索在战争中牺牲。

猎杀埃及舰队

阿尔梅达失去了国王的信任，又失去了儿子，悲愤交加的他开始了复仇——猎杀埃及舰队。 1508 年底，阿尔梅达软禁了来接替他的阿尔布开克，在没有援

军的情况下，阿尔梅达带领舰队在印度洋上追杀反葡萄牙联盟舰队，将埃及舰队打得全军覆没，并屠杀了全部俘虏。还命令沿途各个城市立即投降，并对参与袭击他儿子的城市进行大屠杀，借此控制了印度洋，初步建立了葡萄牙的印度帝国。

报完仇的阿尔梅达，把权力交给了阿尔布开克，率 3 艘船回国，在返回葡萄牙途中与霍屯人发生小规模冲突，阿尔梅达在冲突中被杀死。

美国最早的海军少将
斯蒂芬·德凯特

斯蒂芬·德凯特（1779—1820 年），美国海军军官，曾指挥"美利坚合众国"号和"总统"号战舰俘获英国"马其顿"号战舰，是美英战争中美国所取得的最大一次海上胜利。

▲ ［斯蒂芬·德凯特］

斯蒂芬·德凯特 1779 年 1 月 5 日生于美国费城，他的父亲是一名舰队指挥官，由于家族环境的熏陶，德凯特从小就向往海上生活。1798 年，他作为候补军官登上了"美利坚合众国"号战舰。

疯狂的海盗

18 世纪的美国，由于弱小，屡屡受到欧洲列强的欺侮，而且还需要向的黎波里的海盗缴纳"保护费"。在美国总统杰斐逊任职期间，的黎波里的统治者嫌美国人给的贡金太少，愤怒之下砍断了美国领事馆前的旗杆并宣布向美军开战。

"强硬派"美国总统杰斐逊说："贿赂海盗等于把金钱丢在海里！"唯一的办法是进行反击。于是，他迅速组织了一支海军舰队开到了地中海。

在 1801—1803 年，美军舰队司令三次撤换，但征讨的黎波里的战争却一无所获。最难堪的是，美军"费城"号撞上了暗礁，被的黎波里人俘虏了。消息传到美国后，使得战争的前景又蒙上了

的黎波里位于撒哈拉沙漠西北部地中海南岸的绿洲沿海地区，是利比亚的首都。

一层阴霾。

在这关键时刻，年轻的上尉德凯特立了一个大战功，为整个舰队挽回了颜面。

出其不意　一战成名

1804 年 2 月 16 日，借着月色，德凯特带领着 70 名志愿者，指挥"无畏"号战舰向的黎波里海湾驶去。"无畏"号战舰并不是美国战舰，而是刚刚缴获的双桅船，舱内装满了易燃易爆物品，德凯特决定好好利用这艘船。

守在的黎波里的海盗们很快便发现了这艘船，便用旗语开始询问，而德凯特也回答了他们，"我们在风暴中丢掉了铁锚，请求允许靠近舰艇停泊一夜"，这一请求很快便获得了批准。

"无畏"号迅速靠近了"费城"号，德凯特率领手下迅速冲上"费城"号战舰，

杀死 20 多名守敌，并迫使其他人投降，随后德凯特放火将该舰焚毁。

这场战斗，美军只用十几分钟就完成了预期的任务。德凯特被美国人当成了英雄，25 岁的德凯特被破格提升为舰长，这是美国海军史上最年轻的舰长，并荣获国会赠予的军功佩剑，军衔晋升为海军上校。

单舰作战 成就英雄

1812 年 6 月，美国无法忍受英国的欺侮，愤然向不列颠宣战，美国"第二次独立战争"爆发了。

针对美国船队无论是数量还是质量都不如英国皇家海军的情况，德凯特认为美舰队如果堂堂列阵，必然不敌英军。因此他提出了单舰行动的战术，隐蔽、突然地袭击敌人，克敌制胜。

同年 10 月下旬，德凯特率领"美利坚合众国"号战舰起航了，在绕过加那利群岛时，发现了英舰"马其顿"号，德凯特利用本舰大炮射程比敌舰远的优势开炮攻击敌舰，他不断调整火力，英舰还未来得及反击，就被美国人打败了。

此战，英舰伤亡 104 人，美舰仅伤亡 12 人。英舰舰长投降了美国人。

此后，德凯特率舰队频频打击英国舰队，并不断取得胜利。

1813 年，德凯特晋升为海军少将，指挥驻纽约港的海军。1820 年 3 月 20 日，德凯特在与原"切萨皮克"号舰长巴伦

的决斗中死去，临死前他痛心地说："唯一使我遗憾的是我没能死在甲板上。"

▲ [托马斯·杰斐逊]

托马斯·杰斐逊，美国第三任总统（1801 — 1809 年在位），同时也是美国《独立宣言》主要起草人，美国开国元勋之一，与华盛顿、本杰明·富兰克林并称为美利坚开国三杰。

▲ [焚毁的"费城"号]

美国海军特级上将
乔治·杜威

乔治·杜威是美西海战明星，获封美国海军特级上将军衔，是美国海军的最高级军衔，也是迄今为止唯一获此殊荣的人。

乔治·杜威出生于佛蒙特州蒙彼利，青少年时代曾就读于安纳波利斯的美国海军学院，成绩优异。在美国南北战争期间，曾先后在 6 艘军舰上任职，1864年调到北大西洋封锁海军中队。

1898 年美国与西班牙为争夺古巴、波多黎各和菲律宾而发动了著名的美西海战。

经罗斯福推荐，年届六旬的杜威被任命为亚洲舰队司令，指挥由 7 艘战舰组成的亚洲舰队。在菲律宾的马尼拉海湾阻击西班牙舰队，经过双方激战，西

▲ [乔治·杜威]

班牙由 7 艘巡洋舰、3 艘炮舰和 2 艘运输船组成的舰队全军覆没，381 名官兵死伤，而美军仅伤 8 人，无一人阵亡。

3 个月后，杜威又协同美国陆军部队增援马尼拉，杜威率领亚洲舰队又以未折损一兵一卒的战绩，全歼了西班牙的马尼拉舰队，从而成为著名的海战明星。

海战结束后，美国国会破例授予他少将军衔，次年 2 月将他晋升为海军特级上将，这是美国海军最高等级的军衔，杜威也是迄今为止唯一获此殊荣的美国海军指挥官，享受了极高的荣誉。

美西战争结束后，杜威当选为美国新成立的海军总委员会主席，对美国海军进行了大刀阔斧的改革，组编了符合美国海外利益的太平洋舰队和大西洋舰队。他于 1902 年卸任。1917 年 1 月 16 日，杜威离开人世，享年 80 岁。

> 美国舰队多以总统名命名，为了纪念杜威，美国海军有多艘舰艇以此命名："杜威"号浮船坞、"杜威"号驱逐舰（DD-349）、"杜威"号驱逐舰（DDG-45）、"杜威"号驱逐舰（DDG-105）。

> 杜威的胜利结束了西班牙在亚洲的殖民时代，美国摇身一变成了帝国主义列强之一，同时跻身于世界海军强国，也开始在国际舞台上发挥影响了。

> 马尼拉湾海战属于美西战争的一部分，此战是史上第一次完全没有木质军舰参战的海上厮杀，也是史上第一次全钢战舰出击的经典海战，其军事意义不可小觑。

美国第一位海军五星上将

威廉·丹尼尔·莱希

威廉·丹尼尔·莱希（1875—1959年），是美国历史上第一位海军五星上将，曾参加过多次战争，比如两次世界大战。

威廉·丹尼尔·莱希 1875 年 5 月 6 日出生于艾奥瓦州汉普顿。1897 年毕业于安纳波利斯的美国海军学院，后被派往"俄勒冈"号战列舰上服役。

美西战争教会莱希承担责任

1898 年，美国与西班牙之间为争夺殖民地爆发了美西战争。当时莱希跟随一支小分队到敌后侦察，没想到在返回途中遭到了敌军偷袭，他们受到了重创，每个人都不同程度地受伤。因寡不敌众，被敌军逼到了一座无名小岛的死角。

就在莱希打算跟随全体成员一起赴死时，队长却希望受伤最轻的莱希逃出。但莱希坚决拒绝了队长的要求，他并不怕死。

最后，莱希还是在队友们的掩护下，勇敢地突破重重包围，并带回了增援部队，将战友都救了出来。

经此一战，莱希知道，活着就意味着需要承担更多的责任，比起死更有意义。

扩建海军

第一次世界大战期间，莱希在一艘名为"海豚"号的海上运输舰上担任舰

▲ [威廉·丹尼尔·莱希]

威廉·丹尼尔·莱希于 1950 年出版战争回忆录《身临其境》，随后美国海军为纪念莱希，将一艘驱逐舰命名为"莱希"号。

▲ [美西战争——马尼拉战役]

此战中，美国与西班牙大战于马尼拉海湾，美国大胜，西班牙守军 1.3 万人投降。

美国历史上只有 10 人获得过五星上将这个特殊的荣誉军衔，他们是：潘兴、麦克阿瑟、艾森豪威尔、马歇尔、布莱德雷、尼米兹、哈尔西、亨利·哈利·阿诺德、欧内斯特·约瑟夫·金和莱希。

长，负责海上运输，在此期间，他和时任海军部助理部长的富兰克林·罗斯福结成生死之交。战后他先后担任过海军装备局局长、航海局局长、作战部部长，1936 年莱希晋升为海军上将。

在 1937—1939 年，莱希担任海军作战部部长时，美国海军战舰陈旧，新舰艇的建造速度非常慢。尤其在日本大举侵略东亚后，日本咄咄逼人的攻势，令美国感到深深的威胁。

在这种情况下，莱希向时任总统罗斯福提出了建议：扩建或新建海军基地 36 个，其中 6 个位于太平洋，并且还要扩充海军和空军。

在莱希的建议下，1939 年美国陆军参谋部和海军航空兵司令部及时拟订了"均衡发展计划"，3 个月后，国会通过了这个计划，提供 3 亿美元，使航空兵飞机达到 5500 架，其中 3251 架为新式飞机，同时航空兵增加 3000 人，并组建"永久性大西洋分舰队"。这一紧急战前扩编行动是有战略意义的，打下了太平洋战争初期支撑局面的基础。作为海军作战部部长的莱希对此功不可没。

▲ [登录《时代》杂志的威廉·丹尼尔·莱希]
威廉·丹尼尔·莱希作为美国第一位海军五星上将,第一头衔的权利一直保有到他去世的那一年,他享有最高五星级的福利。

美军的五星上将军衔正式设立于1944年12月,美军的五星上将军衔只在战时授予。五星上将是美国军队的最高军衔,肩章上镶有五颗星徽,相当于西方其他国家的元帅军衔。美国第一次授予五星上将军衔是在1919年,最后一次是1950年。自1981年最后一名五星上将去世以后,美军将官中至今无五星上将。

"二战"期间,屡任要职

第二次世界大战在欧洲爆发后,罗斯福总统任命莱希为美驻波多黎各总督,任期至1940年12月。紧接着莱希又受命出任维希法国大使,确保法国海军不落入希特勒之手。

1941年12月太平洋战争爆发后,美国参战,莱希被召回国。

1942年7月,莱希担任新设置的美国武装部队总司令(总统兼任)的参谋长,同时主持参谋长联席会议。其间,他参与制订了美国武装部队在第二次世界大战中的战略计划。

1944年,莱希晋升为海军五星上将,多次随罗斯福参加国际会议。

1945年,罗斯福去世,莱希在新总统杜鲁门任内继续担任原职。

1959年7月20日,莱希在马里兰州贝塞斯达去世,终年84岁。

▲ [美西战争讽刺漫画]
讽刺的是从军舰上制造的复活节帽子,暗示了西班牙—美国战争的成果。

航母舰队司令
弗兰克·弗莱彻

弗兰克·弗莱彻（1885—1973年），美国海军上将，美国国会荣誉勋章得主，第二次世界大战期间美国航母特混舰队指挥官，曾参与大战初期数场重要的航母部队会战，包括珊瑚海海战、中途岛海战与东所罗门群岛海战等。

1885年4月29日，弗兰克·弗莱彻出生于艾奥瓦州马歇尔敦。

1906年毕业于美国海军学院，参加过第一次世界大战和1924年镇压菲律宾起义，1930年任海军上校。

1941年12月，珍珠港事件的爆发，拉开了历时3年9个月的太平洋战争的序幕。此时，弗莱彻已被任命为"约克城"号、"列克星敦"号航空母舰舰长。

暴风雨下进攻日军基地

珍珠港事件后，美国新任太平洋舰队司令尼米兹为了重振士气，主张舰队积极出击，攻击日本人占领的马绍尔群岛和吉尔伯特群岛。

美国著名海军将领哈尔西将突袭兵力分为两支。第1特混舰队由哈尔西亲自指挥，第2特混舰队指挥官就是弗莱彻。

此战战绩虽然不佳，但是却显露出了弗莱彻卓越的指挥才能。

东征西战　战绩斐然

1942年6月初，弗莱彻率第17特混舰队参加了中途岛海战，他凭借沉着指

▲ [弗兰克·弗莱彻]

弗莱彻是美军在太平洋战争中击沉日军航母最多的一位将领，他在珍珠港事件后极端不利的情况下临危受命，参与指挥了战争初期全部重大战役，取得了不俗的战绩，不但保存了美国海军的实力，而且阻止了日本人的进攻，改变了战争的走向，却没有获得应得的赞誉。

挥"约克城"号航母特混舰队，出奇制胜，为大败日军立下汗马功劳。此后，弗莱彻被晋升为中将。

中途岛战役刚刚结束，弗莱彻又被调去参加进攻瓜达尔卡纳尔岛，实施"瞭望台"战役计划。

瓜岛海域再起风雷，弗莱彻被任命为战区海军总司令，后又被任命为北太平洋舰队和地区海军司令，其间战绩斐然。

接受日本投降的演说

在 1944 年和 1945 年，弗莱彻指挥北太平洋部队（包括陆军航空队与海军部队）执行对千岛群岛的轰炸与岸轰任务。1945 年 9 月，他率领 60 艘北太平洋部队的舰艇在日本陆奥湾接受日本海军北方舰队的投降。他对官兵们演说："回顾日军在南京的暴行，偷袭珍珠港，巴丹的死亡行军，以及数不尽的谋杀、酷刑与让我们不幸被俘的伙伴们挨饿受苦，但我们不会这么对待日本人。我们已经对日本军人与世界展示了我们优越的战力，现在我们要对日本和世界展现我们为它而战的民主与法治。"

▲ [左侧上图为中途岛海战中"赤城"号航空母舰]

[左侧下图为中途岛海战中日军"零"式战斗机]

[右侧上图为美国海军"约克城"号航空母舰]

[右侧下图为通过低空飞行接近投弹的日本中岛 B5N "97" 式舰载鱼雷攻击机]

中途岛战役美军只损失 1 艘航空母舰、1 艘驱逐舰和 147 架飞机，阵亡 307 人；而日本却损失了 4 艘大型航空母舰、1 艘巡洋舰、332 架飞机，还有几百名经验丰富的飞行员和 3700 名舰员。

弗兰克·弗莱彻属于美国海军中的"黑鞋派"。在穿褐色鞋子的海军航空部队出现前，黑鞋是美国海军大多数军官的习惯穿着，它象征着海军的全体水面舰艇部队。

1945 年，年满 60 岁的弗莱彻卸去舰队司令之职。

弗莱彻 1946 年任将官会议主席，1947 年 5 月退休并晋升为上将。1973 年 4 月 25 日弗莱彻病逝于比塞大海军医院，并安葬在阿灵顿国家公墓。

临危受命指挥莱特湾海战
切斯特·威廉·尼米兹

切斯特·威廉·尼米兹（1885—1966年），美国海军名将，十大五星上将之一。早期以研究潜艇为主，而后成为美军中柴油引擎技术的专家，太平洋战争爆发后，尼米兹担任了美国太平洋舰队总司令、太平洋战区盟军总司令等职务，主导对日作战。

1885年，切斯特·威廉·尼米兹出生于美国得克萨斯州弗雷德里克斯堡一个贫困的日耳曼移民家庭。家境的贫寒造就了尼米兹坚忍不拔的意志和纯朴、豪爽又开朗的性格。

15岁时，尼米兹进入了美国海军学院。在学校获取了大量知识和技能，并结识了一大批志向远大的海军同仁，其中包括日后成为他左膀右臂的哈尔西。

研究潜艇

尼米兹以优异成绩从美国海军学院毕业后，服役于潜艇"霍兰"号，这条16米多长、航速缓慢的潜艇唤起了尼米兹对改进潜艇的浓厚兴趣。

之后，尼米兹被调到潜艇第一支队任职。当时海上的主战舰仍然是战列舰，而潜艇作为攻击性的武器，其特殊作用还没有受到重视。

精通业务又肯钻研的尼米兹在指挥潜艇的实践中，发现当时潜艇使用的汽油发动机排泄毒气并易于爆炸。于是，他提出了用柴油发动机代替汽油发动机

▲ ［切斯特·威廉·尼米兹］

美国海军为纪念尼米兹，将其去世之后所建造的第一艘也是当时最先进的尼米兹级核动力航空母舰以他的名字命名，也就是日后的"尼米兹"号航空母舰。

此外，美国夏威夷檀香山及加州旧金山也有以他为名的尼米兹高速公路。

▲ [切斯特·威廉·尼米兹两度荣登《时代周刊》封面人物]

的设想。

经过刻苦钻研，尼米兹很快成为一名潜艇动力专家。1912年6月20日，他曾以潜艇专家的身份，应邀到美国海军学院发表《潜艇攻防战术》的专题演讲。尼米兹当时认为潜艇应该用于近岸防御。第一次世界大战爆发后，由于德意志帝国海军U艇发动的无限制潜艇战，美国对德宣战，尼米兹以大西洋潜艇舰队司令萨穆尔·谢布尔涅·罗宾森少将的参谋身份参战，积累了潜艇作战和海上加油的大量技术经验。其后尼米兹历任舰队指挥官、参谋长、航海署署长等职，并晋升为海军少将。

临危受命

1941年12月7日上午7点55分，日本飞机偷袭了美国夏威夷的海军基地珍珠港，港内有18艘舰船被击沉、击伤，这几乎是美国太平洋舰队的大部分军舰。只有"企业"号、"列克星敦"号、"萨拉托加"号和一支巡洋舰队因为外出执

行任务，幸免于难。

尼米兹临危受命太平洋舰队司令，他牢记美国总统罗斯福的重托，毅然挑起了力挽太平洋战争狂澜的重任。

尼米兹接到任命后立即动身前往夏威夷。当时的夏威夷到处舰船倾覆，士气低落，充斥着悲观失望和消极避战的情绪。为了鼓舞士气，整顿再战，尼米兹没有急于处理那些渎职者，也没有过多责备那些情绪低落的失败主义者，他制定了"积极防御，主动出击"的作战方针。

次年1月，尼米兹毅然决定，由两艘航空母舰组成联合编队，向日军控制的马绍尔群岛和吉尔伯特群岛发动一次闪电式的突袭。结果突袭成功，一举击沉了日军2艘潜艇、1艘运输船、8艘小型船只，并炸毁了岸上的部分设施。

接着，尼米兹又于2月上旬开始筹划对日本首都东京的空袭。从大西洋调来了新航空母舰"大黄蜂"号以搭载旧金山附近阿拉米机场的B-25型轰炸机。轰炸当天，16架B-25型轰炸机满载炸弹从"大黄蜂"号甲板上腾空而起，在短短几小时内，飞抵东京、名古屋、横须贺、神户等城市上空，投下炸弹和燃烧弹后顺风直飞中国。

这次空袭的直接战果虽然不是很大，但却产生了巨大的影响，不仅使日本削减了前线航空兵的力量，把大批的战斗

> 军事历史学家艾德温·帕尔玛·霍利曾评论："哈尔西能在一场海战中取胜，斯普鲁恩斯能在一场战役中取胜，而尼米兹能在一场战争中取胜。"

> 尼米兹是个遗腹子，他父亲在和母亲结婚5个月后就去世了。他的母亲安娜后来又和他叔叔威廉·尼米兹再婚，但是生活境遇并没有改观，依然贫困。尼米兹8岁就开始当送货小弟，15岁就在旅馆帮工，后来机缘巧合之下进入美国海军学院就读。

机群紧急调回国内保卫本土岛屿；还迫使日军从侵华远征军中调遣了一支由53个营组成的讨伐队，专门去扫荡美国轰炸机降落在中国江浙地区的飞机。

在尼米兹的领导下，美国海军在战争中不断发展壮大，仅太平洋战区就拥有大小舰船5000余艘、飞机1.5万架，以及数十个航空基地和海军基地，构成了世界上最强大的舰队。之后，尼米兹组织并进行了珊瑚海海战、中途岛海战、瓜岛海战、硫磺岛海战和冲绳岛战役等大战，在太平洋战场上取得节节胜利，1944年12月，尼米兹晋升为海军五星上将。

花甲之年依然不遗余力地工作

1945年12月20日，美国总统杜鲁门任命尼米兹担任海军作战部部长。

1947年12月，尼米兹任职期满。由于五星上将为永久军衔，他被任命为海军部长的特别顾问。虽然如此，尼米兹

在离任后还是离开了华盛顿，移居西海岸的加利福尼亚州。

1950年6月25日，朝鲜战争爆发，杜鲁门宣布出兵朝鲜，并亲自前往尼米兹在纽约的住处访问，请他再次出任海军作战部部长。尼米兹婉言拒绝，但推荐了自己的朋友福雷斯特·谢尔曼将军，杜鲁门采纳了他的建议。

1966年2月20日，尼米兹在加利福尼亚临海的家中去世，终年81岁。

▲ [切斯特·威廉·尼米兹在金门国家公墓的墓地]

美国金门国家公墓里的墓地是为对国家做过杰出贡献的人准备的。所有逝去的退伍军人都有埋葬在这里的资格，并且葬礼费用由政府支付。此外，美国金门国家公墓也对已故总统和特定政府部门的成员开放。但被开除军籍，以及犯有颠覆罪或叛国罪的人没有资格。

海军将领中的蛮牛

小威廉·弗雷德里克·哈尔西

▲ [小威廉·弗雷德里克·哈尔西]

小威廉·弗雷德里克·哈尔西（1882—1959 年），在太平洋战场上多次指挥战役并获得胜利，因作风勇猛而获绰号"蛮牛"，是第二次世界大战中美军人气最高的将领之一，因为人随和而被称为"水兵的海军上将"。

哈尔西 1882 年 10 月 30 日出生于新泽西的一个海军军官家庭，自幼受海军熏陶，1900 年，靠家族人脉关系，哈尔西考入了美国海军学院。

因为没有获得保送资格而未能考入美国海军学院的哈尔西，只得考入弗吉尼亚大学攻读医学。1900 年，由于母亲再三恳求威廉·麦金莱总统而获得保送资格，转而进入美国海军学院学习。

第一次世界大战

1904 年，由于西奥多·罗斯福总统扩建海军，需要大批新军官，哈尔西便提前毕业，被分配到一艘烧煤的战舰"堪萨斯"号上服役。后来在受命指挥"弗鲁塞"号驱逐舰时，遇到了未来总统富兰克林·罗斯福，两人结下了不同寻常的友谊。

▼ [满载飞机的"大黄蜂"号航母]

哈尔西虽然只是一个低级军官，但渴望在战争中大显身手。第一次世界大战爆发后，哈尔西终于如愿以偿，成为一支驱逐舰编队的指挥官。在作战中，他显露出卓越的军事才干，从而受到上级的赏识。

成为美国最早的航空母舰指挥官之一

1927 年，哈尔西被调任到美国海军学院"雷娜"号练习舰担任舰长，海军学院正在组建第一个飞行学员大队，哈尔西借机学习了航空知识，并开始钻研航空部队如何与水面舰只协同作战的问题。

1935 年，哈尔西出任"萨拉托加"号航空母舰舰长，成为美国最早的航空母舰指挥官之一。1940 年，他升为海军中将。尽管他已进入高级指挥官的行列，但仍对各种新技术深感兴趣，并成为某些新技术、新设备的积极倡导者，因擅长轰炸，被称为"轰炸机"。

▲ ["大黄蜂"号航母]

1941 年 12 月 7 日珍珠港事件爆发时，"大黄蜂"号正在诺福克港外进行训练。

作为当时最新服役的航空母舰，"大黄蜂"号被选中参加空袭东京的任务，经过短期的特殊改装后，1942 年 4 月 2 日"大黄蜂"号载着 16 架 B-25 轰炸机出航，4 月 14 日在北太平洋与由哈尔西统一指挥的包括"企业"号航空母舰在内的 14 艘军舰会合。

幸运地躲过珍珠港轰炸

随着太平洋局势的不断升级，美国海军需要加强太平洋的空中力量。因此派哈尔西率领以"企业"号航母为主的特混舰队为威克岛运送飞机，按计划应在 1941 年 12 月 7 日前返回珍珠港，但突遇狂风，延误了一天，哈尔西和"企业"号逃过一劫。

此后，哈尔西奉命袭击日本攻击珍珠港的舰队，但因为情报错误，使哈尔西的舰队未能追到日军舰队，就是这样的错误又一次挽救了哈尔西。若真的相遇，凭借当时日本舰队的实力，哈尔西恐怕会凶多吉少。

▲ ["哈尔西"号舰徽]

为纪念哈尔西上将，美国海军用他的名字命名了一艘 2005 年开始服役的驱逐舰。

▲ [小威廉·弗雷德里克·哈尔西登上《时代》杂志封面]

越岛作战即跳岛战术，即是不采行逐一收复各岛的战法，而是收复一个岛屿后，跳过下一个岛屿，而攻占下下一个岛屿，特别是跳过防守比较坚固的日军岛屿，通过跳岛占领，以海空封锁的方式来孤立日军占领的岛屿，迫使其最后不得不屈服（或宁死不从的饿死），如此大幅提升收复的进度与成效。

为空袭东京护航

1942 年 4 月，哈尔西奉尼米兹的指令，率领"企业"号为空袭东京的"大黄蜂"号护航，1942 年 4 月 18 日杜立特率 16 架 B-25 轰炸机从"大黄蜂"号航母上顺利起飞并空袭东京成功，哈尔西也因此战成名。此后，哈尔西因患皮肤病而被迫住院治疗，没有参加珊瑚海海战和中途岛海战，这是哈尔西的遗憾。

所罗门群岛战役

1943 年，同盟国决定从中太平洋和西南太平洋同时对日本发起进攻。

哈尔西奉命指挥所罗门群岛战役。他率领的第 3 舰队有 6 艘航空母舰（舰载机 540 余架）、2 艘战列舰、49 艘巡洋舰和驱逐舰，还配属有海军陆战队。6 月 30 日，哈尔西部在新乔治亚岛实施登陆作战，遭到日本守军的激烈抵抗。8 月 25 日，美军攻克该岛，歼敌约 9000 人。根据预定计划，哈尔西的下个目标是班格拉岛，该岛有 1 万日军严密设防，强攻不仅会造成重大伤亡，而且将使作战旷日持久，因此，哈尔西决定对该岛围而不攻，越过该岛而进攻韦拉拉维拉岛，果然大胜。这为后来尼米兹提出"越岛作战"提供了成功的先例。

"二战"末期，哈尔西率部支援盟军在硫磺岛和冲绳岛的登陆。随后在海上，除神风特攻队外，哈尔西已找不到什么对手。1945 年，日本宣布投降，投降仪式于 9 月 2 日在哈尔西的旗舰"密苏里"号战列舰上举行。2 个月后，哈尔西率部回到旧金山。12 月，哈尔西晋升为海军五星上将。

1947 年，哈尔西退役，并出版了《哈尔西海军上将的故事》。1959 年 8 月 16 日，哈尔西在美国旧金山去世。

地中海的老水手
安德鲁·布朗·坎宁安

安德鲁·布朗·坎宁安（1883—1963年），英国皇家海军自霍雷肖·纳尔逊之后至今200年间最伟大的将领，海军航空兵的倡导者，塔兰托战役和马塔潘角海战等历次战役的胜利者。

◀ [安德鲁·布朗·坎宁安]

安德鲁·布朗·坎宁安是第二次世界大战中英国皇家海军最为杰出的指挥官，被亲切地称为"ABC"。

1883年1月7日，坎宁安出生于爱尔兰都柏林南部的拉斯曼斯，父亲是一位教授，这让他有着良好的家庭教育。1893年，年仅10岁的坎宁安进入了英国皇家海军学院学习，从此开始了他的海军生涯。

第一次世界大战时他曾任驱逐舰舰长，随后陆续担任过驱逐舰分队指挥官、新式战舰舰长、海军副参谋长等职。

新旧海战战术过渡　新老将领更迭

视距海战与超视距海战并存的第二次世界大战时期，是新旧海战战术的过渡期，新的海权模式称雄各大洋，"大舰巨炮"受到严重挑战，在这个动荡的时期，守旧的英国皇家海军并不被看好，坎宁安凭借睿智的决策，改变了英国海军的古老传统。1939年他取代庞德成为皇家海军地中海舰队的司令，一改庞德时期的拖沓作风，唤起了水兵们的斗志，使英国地中海舰队成为一支焕发蓬勃战斗力的队伍。

偷袭塔兰托

塔兰托位于意大利靴形半岛的后跟，是意大利的主要海军基地。1940年，坎宁安决定利用舰载航空兵，在夜晚突袭塔兰托港。

塔兰托战斗的结果很漂亮，英国仅仅损失2架飞机就达成了击沉1艘、重伤2艘战列舰，击伤巡洋舰、辅助舰各2艘的战绩，使英国海军在地中海占据了优势。

更重要的是，偷袭塔兰托战斗首创航母舰载机独自进攻大型军港和军舰的先河，展示了航空母舰在海战中的重大作用，为未来太平洋海战的模式转变奠定了基础。

[上左：塔兰托战役中的"光辉号"航空母舰]

[上右：塔兰托战役中空中的"剑鱼"鱼类轰炸机]

[下左：塔兰托战役中意大利海军"安德烈亚·多里亚"号战列舰]

[下右：塔兰托战役中被鱼雷击中燃起大火的意大利海军"加富尔伯爵"号战列舰]

在塔兰托战役中，坎宁安首创航母舰载机独自进攻大型军港和军舰的先河，击沉击伤意大利海军一半的战列舰，为次年日本偷袭珍珠港提供了模板。

达到人生巅峰

坎宁安的地中海舰队完全控制了亚历山大港、直布罗陀海峡和马耳他岛，控制住了整个地中海地区的后勤补给通道，为盟军最后在北非彻底战胜隆美尔的非洲军团打下了基础。1942 年在他拒绝了丘吉尔让他接任托维指挥本土舰队的提议后被任命为"火炬"计划的海军指挥官和北非盟军海军远征军司令，支持了盟军在西部地中海沿岸的各种主要的登陆行动。

1943 年 2 月，为了防止北非的轴心国部队撤回

> 沉没、着火、毁掉，三者都不允许发生！海军建造一艘战列舰需要三年，但改造一种传统需要三百年。
>
> ——坎宁安

意大利本土，坎宁安率领地中海舰队不计一切代价，封锁了北非海岸。致使绝大多数北非的轴心国部队在撤退无望的情况下向盟军投降。

坎宁安于 1943 年 9 月 10 日在马耳他接受意大利舰队的投降，这是盟军中第一个享受这种荣誉的将军！

此后，他作为皇家海军的代表参加了开罗、德黑兰、魁北克、雅尔塔和波茨坦会议，并参与规划了诺曼底和皇家海军太平洋舰队的作战方针。

1963 年坎宁安从海军退役，1963 年 6 月 12 日因病于伦敦去世。

▲ [安德鲁·布朗·坎宁安元帅的雕像]

马来亚海战

詹姆斯·萨默维尔

詹姆斯·萨默维尔（1882—1949年）。在第一次世界大战中，萨默维尔成长为英国皇家海军中第一流的无线电专家。由于在加里波利战斗中的出色表现，被授予优异服役勋章。

詹姆斯·萨默维尔出生于英格兰东南部的维布里奇，1898年他16岁就以候补生的身份进入英国皇家海军。

在实习期间，萨默维尔结识了坎宁安，两人建立了深厚的友谊。在第一次世界大战中，萨默维尔成长为英国皇家海军中第一流的无线电专家。由于出色的表现，他被任命为普利茅斯海军无线电学校的教员，随后又被派往地中海舰队服役，他由一个腼腆的军校男孩转变成一位果敢的指挥官。

1929年，他进入帝国国防大学任教，并在这一岗位上工作到1931年。在1932年和1933年，他先后晋升为上校和少将。1940年5月，他协同伯特伦·拉姆齐完成了举世闻名的敦刻尔克大撤退。

1942年3月，萨默维尔就任皇家海军东印度舰队司令。就在此时，日本海军中将南云忠一率领舰队杀入了印度洋。萨默维尔把手中的部队划分成若干个战术群以应对日军的进攻。

1942年4月9日，因为日军强大的

▲ ［詹姆斯·萨默维尔］

萨默维尔家族在英国是老牌豪门。祖上是英国大航海时代最早的一批海上冒险者，在英国近代殖民史上扮演过重要角色。虽然他家不是传统的英国大贵族，但几乎每一代都有家族成员被封爵，不是殖民地总督就是军方高级将领。

战斗力，英国"Z舰队"遭到沉重打击，日军夺得了马来海域的制海权和制空权，使英国失去了太平洋远东地区的制海权。

此后萨默维尔派遣舰队参加了对法属马达加斯加登陆。在得到了增援后，萨默维尔发起了一系列针对日占东印度群岛（今印度尼西亚）上目标的袭击，取得了一定战果。

1945年5月，他被授予海军元帅头衔。在战争结束后，萨默维尔从海军退役。由于他在海军中的杰出表现，先后被授予巴思大十字勋章、英帝国大十字勋章和优异服役勋章。

英国海军元帅

约翰·科洛宁·托维

▲ [约翰·科洛宁·托维]

约翰·科洛宁·托维（1885—1971年），英国海军元帅。他在海军战术和战略上比较现实而保守。

约翰·科洛宁·托维1885年3月7日出生于肯特郡的罗切斯特，是四姐妹和兄弟中的最幼者，父亲是皇家工程兵上校，幼年时在多塞特郡著名的杜恩福德学校学习。14岁时以海军候补生的身份加入英国皇家海军，在"不列颠尼亚"号训练舰上学习。次年，取得少尉候补生资格，先后服役于海峡中队旗舰"庄严"号战列舰、北美及西印度海军站旗舰"阿里阿德涅"号巡洋舰。其后晋升为上尉。1908—1910年，服役于中国海军站旗舰"阿尔弗雷德国王"号。

1913年，托维任本土舰队"安菲恩"号巡洋舰的射击检察官。第一次世界大战爆发时，托维正在"安菲翁"号巡洋舰上服役。先后被任命为"杰卡尔"号和"安修"号驱逐舰的舰长。在日德兰海战中，托维指挥军舰在"莫尔斯比"号协助下用鱼雷击中德舰"维斯巴登"号，之后全力攻击敌方主力舰队。因战事胜利，托维被授予优异服役勋章，并获通令嘉奖。

在担任驱逐舰舰长期间，他和同为驱逐舰专家的詹姆斯·萨默维尔和安德鲁·布朗·坎宁安设计了一种用于驱逐舰海上演习的新方法。新方法不仅节约了演习时间，而且提高了演习水平。之后托维多数时间在驱逐舰上服役，或在岸上任职。

1935年8月27日，托维晋升海军少将。1938年3月，他任地中海舰队驱逐舰队指挥官，旗舰是"加拉提"号轻巡洋舰。1939年5月3日托维晋升为海军中将。

1940年11月，托维被提升为战时海军上将，负责指挥本土舰队，旗舰为"纳尔逊"号。在担任本土舰队司令期间，他指挥舰队参加了围歼纳粹德国"俾斯麦"号战列舰的战斗，并使得德国海军统帅吕特晏斯与舰长林德曼双双身亡，成功完成战斗后，托维被授予高级帝国勋爵勋章。

在之后的战斗中他被任命为海军元帅。这时期他参与的主要行动包括解放德占低地国家和保护北海航线。1946年托维退役，之后被封为兰顿·马特拉弗斯男爵。

1971年1月12日，托维在马德拉群岛首府冯查尔去世，爵位无人继承。

第一海务大臣
路易斯·蒙巴顿

路易斯·蒙巴顿（1900—1979 年），英国海军元帅，盟军东南亚战区总司令，是英国近代最褒贬不一的一位人物。

▲ [路易斯·蒙巴顿——1930 年]

路易斯·蒙巴顿是真正的"富二代"，父亲是德国亲王，母亲是维多利亚女王的外孙女，英国国王爱德华七世是其舅公；德皇威廉二世是他的舅舅，俄国皇帝尼古拉二世是他姨夫……

蒙巴顿的人生也一帆风顺。他 1900 年 6 月 25 日出生于英国的温莎堡，13 岁就进入了怀特岛的奥斯本海军学校，19 岁进入剑桥大学，22 岁与英国巨商的"富二代"小姐结婚。有了这样的经历，他的人生简直就像开了挂一样，才 32 岁就晋升为海军中校。

蒙巴顿在海军中的提升堪称神速，虽未有任何建树，而且屡次"犯错"，不仅没被降职，还被提升，比如在一次任务中，蒙巴顿的舰队遇到风暴，按当时海军的规定，在暴风雨中最高速度最多 14 节，但是他指挥的"凯利"号开到了 28 节，让人觉得神奇的是，这船居然没有翻，他也没受任何处分。

第二次世界大战爆发后，蒙巴顿也率领"凯利"号参加了战斗。1939 年 10 月，"凯利"号奉命北上挪威海域，为英国和挪威之间的运输船队护航，其间蒙巴顿发明了被称为"蒙巴顿粉红"的海军迷彩。随后蒙巴顿曾指挥舰队与德军作战，战绩不佳，尤其是在1941年5月的克里特战役中，"凯利"号被德国飞机炸沉，128名舰员遇难，仅有蒙巴顿在内的38人幸存。

1942年蒙巴顿任盟军"联合作战司令部"的领导人，指挥英国海军袭击驻法国和挪威港口的德国海军。

从1943年起蒙巴顿任东南亚战区盟军总司令，协调史迪威、斯利姆、温盖特的行动。1947年他任印度总督，提出"蒙巴顿方案"，使印度和巴基斯坦分治。

对日本人绝不能手软

从小就习惯了尔虞我诈的蒙巴顿对待日本人的态度是强硬的，特别是他任职盟军高级将领参加对日本的战争时。1945年，蒙巴顿在接受日本人的受降时，他绝不与日本人握手，也要求所有将要参加仪式的盟军军官不得与日本人握手。

蒙巴顿也从没访问过日本，甚至自己的葬礼也不能让日本人参加。这个颇有个性的军人，对中国一直很友好，在1974年访问中国时，坚决支持中国收回对香港和澳门的领土主权。

出色的政治家

蒙巴顿虽然不是一位杰出的将领，但却是一个出色的政治家，这得益于他

▲ ［路易斯·蒙巴顿——纪念邮票］

对人心的把控和出色的协调能力。

1959年，蒙巴顿升任英国国防参谋长，他不是一个合格的将领，却成了英国最高的军事指挥官。

1979年8月27日，蒙巴顿在爱尔兰乘坐游艇时被炸身亡，英国为他举行了盛大的国葬，其规格也只有丘吉尔的葬礼能与之相匹敌，当时欧洲所有的国王都参加了他的葬礼，世界各国的元首也都或亲自或派特使参加了，当然除了日本。

狼群战术
卡尔·邓尼茨

卡尔·邓尼茨（1891—1980 年），第二次世界大战期间德国的著名将领，曾任国防军最高统帅、海军元帅、德国总统。

1891 年 9 月 16 日，邓尼茨出生于柏林近郊的格林瑙镇。他的母亲早逝，父亲是工程师，总是督促他努力学习，并注意培养其学习兴趣。

1910 年 4 月，邓尼茨在魏玛高中毕业后参加了德国海军，先在"赫尔塔"号巡洋舰接受舰上训练，后考入弗伦斯堡－莫威克海军学校。1912 年秋天毕业后分配到"布雷斯劳"号巡洋舰任候补军官。巴尔干战争爆发后，邓尼茨随舰到地中海参加封锁黑山港行动。次年 5 月，参加了西方列强在阿尔巴尼亚的登陆行动，阻止塞尔维亚人在亚得里亚海边定居。在第一次世界大战结束前夕，邓尼茨在袭击了一只英国商船队后被俘。

在战俘营中，邓尼茨开始研究新的潜艇战术，即"狼群战术"，该战术在第二次世界大战初期在大西洋曾给英、美等国的海上运输造成极大威胁，他也因此被盟军称为"面目狰狞的海底魔王"。

Z 计划与邓尼茨的潜艇战术

1939 年元月，雷德尔海军元帅向希

▲ [卡尔·邓尼茨]

邓尼茨具有狼一样的性格，寡言残忍，意志坚强。在第二次世界大战中，他放出的"狼群"肆虐于大西洋和地中海，几乎断送了大英帝国的命运。英国首相丘吉尔在战后的回忆录中仍心有余悸地写道："战争中，唯独使我真正害怕的是德国潜艇的威胁！"

特勒提出了 Z 计划，其主要内容是建造大型水面舰只编成战斗群，从德国的港湾经由北海而直插大西洋，以攻击英国的生命线。这一大型水面舰队计划将于 1948 年建成。

Z 计划与邓尼茨的构想背道而驰。邓尼茨认为，德国的地理位置不适合建立战斗群在大西洋上使用。他最初的设想是尽快给他 300 艘 U 型潜艇（简称 U 艇），100 艘用于攻击敌方船队，100 艘往来于战场与基地之间，另外 100 艘则在基地整修。U 艇战术的目的是切断英国的贸易航线，也就是英国的生命线。今天研究战争史的人都认为邓尼茨的见解是正确的，但希特勒选择了 Z 计划。

作为德军潜艇部队的指挥官，"狼群战术"的始作俑者邓尼茨，著有《第二次世界大战中的德国潜艇》《十年和二十天》《我风云变幻的一生》《第二次世界大战中的德国海军战略》等。

狼群战术

邓尼茨认为击败英国的关键在于切断其海上交通线，以经济战来击败海上强国英国，而最适合执行这一战略任务

1945 年 4 月 30 日，希特勒在德国总理府地下室的避弹室开枪自杀，在死前一天，他留下了一份政治遗嘱。在这份遗嘱里，他选择了海军司令邓尼茨为继承人，任命其为德意志帝国总统和国防军最高统帅。

▲ [卡尔·邓尼茨的权杖]

德国元帅权杖来源于古罗马的权杖。古罗马的权杖是把一节木头（也有羊皮筒），中间掏空，放上写好的命令，封死后让传令兵传递。随着传令节的通信作用逐渐被电话、电台取代，昔日传令的筒状物也蜕变成"元帅杖"，元帅权杖成了象征个人成就的最高奖赏，用以象征元帅的责任和权威。

的莫过于潜艇。他主张大量建造中、小型潜艇，对商船进行袭击战，破坏英国大西洋海上交通线。在潜艇的使用上，他强调把潜艇派到对方运输频繁而防御薄弱的海区活动，以取得最大的战果。在作战手段上，他主张采取"狼群战术"，即多个潜艇集群作战，实施近距离夜间水面攻击。德国潜艇运用此种战术击沉了大量英国船只，曾给同盟国海上运输造成严重后果。这种避重就轻的做法在实战中取得了骄人的战绩——德国 U 艇击沉了 2603 艘商船和 175 艘盟军海军舰艇。

U 艇战的结果是，德国损失了其1162 艘 U 艇中的 784 艘，28 000 余人丧生，5000 人被俘；盟军损失了 70 000 余人。

▲ [1942 年期间的《时代》杂志封面人物——卡尔·邓尼茨]

功过是非

1945 年，邓尼茨被希特勒任命为总统。希特勒自杀后，他还在对德国国民的广播中发表了悼词。

邓尼茨做了三个星期挣扎在死亡线上的德国总统。他决定继续同东方作战，以免使德国军民陷入俄国人手中。为此，他还请求英、美帮助，他的要求被艾森豪威尔严词拒绝。邓尼茨本人最后被投入俘虏营。

在国际军事法庭受审判的时候，邓尼茨被指控的罪行是：指挥罪恶的海战和参与侵略战争的准备工作。他也被判处有期徒刑 10 年。

邓尼茨一手缔造了德国海军的军魂——不屈的 U 艇精神。他亲自选拔和训练潜艇部队官兵，不遗余力地向他们灌输自己的作战思想。他视潜艇兵为自己的孩子，每当潜艇出海归来他都亲自到码头迎接，官兵们称他为"教父"，对他无比忠诚。在德国战败后，大多数U 艇的艇长拒绝向盟军投降——船员将U 艇浮上水面，在北海及波罗的海各处都有 U 艇爆炸自沉。

德国海军上将

刚瑟·吕特晏斯

非凡海洋大系

闻名海洋人物集锦

▲ [刚瑟·吕特晏斯]

吕特晏斯有犹太血统，而且一生未婚，他性格刚直，遇到希特勒巡视时也坚持行军礼而不是纳粹礼。他生前还曾上书希特勒反对清洗犹太人。

刚瑟·吕特晏斯（1889—1941年），德国海军上将，是第二次世界大战期间德国海军最杰出的水面舰艇指挥官。

吕特晏斯1889年5月25日生于德国威斯巴登。第一次世界大战初期，他在鱼雷艇部队服役。1915年5月，调到海防巡逻部队，任巡逻艇艇长、分队长。1917年，他升任海军少校，指挥一艘驱逐舰多次在英吉利海峡执行作战任务，并且参加了日德兰大海战。1923年，他重返鱼雷艇部队，任鱼雷艇队队长。后任"卡尔斯鲁厄"号轻巡洋舰舰长。其后他仕途顺利，到1939年时已经晋升为海军中将。

1940年，吕特晏斯任德国公海舰队代司令，指挥护航舰队为德军在丹麦和挪威登陆提供安全保障；之后晋升为海军上将。

1941年5月18日，吕特晏斯乘由林德曼任舰长的"俾斯麦"号战列舰赴大西洋执行"莱茵演习"计划，企图切断英国的大西洋交通线。通过卡特加特海峡和卑尔根附近海域时，被英国海上侦察机发现，遭到英国舰队截击，在战斗中，"俾斯麦"号击沉了英国"胡德"号战列巡洋舰。此后，遭到英国舰艇追寻围歼，"俾斯麦"号严重破损，5月27日在布雷斯特西南450海里处沉没，吕特晏斯与舰长林德曼随着"俾斯麦"号自沉身亡。

▲ ["卡尔斯鲁厄"号轻巡洋舰]

北海枭雄
埃里希·雷德尔

埃里希·雷德尔（1876—1960 年）的全名是埃里希·约翰·阿尔伯特·雷德尔，纳粹德国海军元帅，是一位对近代德国海军产生过重要影响的人物，20 世纪三四十年代德国海军的重建和侵略扩张都深深打上了雷德尔的印记。

初出茅庐的雷德尔

雷德尔 1876 年 4 月 24 日出生于汉堡的万茨贝克镇，父亲为西里西亚省格隆堡高级中学校长。他在 1894 年毕业于父亲任职的学校后考取了基尔的海军军官学校，之后登上"施托施"号练习舰，接受航海的基础训练，参加过前往西印度群岛的航行训练。

1897 年，德国参与了对晚清时期的中国的野蛮侵略，并先后占领了胶州湾和青岛，此时的雷德尔在入侵晚清的第二支德国巡洋舰队的装甲舰"德意志"号上担任通信兵和军乐队的指挥，其间他写了《菲律宾的叛乱》一书，受到皇太子海里希的赏识。

▲ ［埃里希·雷德尔］

纳粹德国海军总司令，他学识渊博，多才多艺，是个公认的绅士，可惜在第二次世界大战时与纳粹为伍成为战犯。

第一次世界大战前后的雷德尔

第一次世界大战爆发后不久，德意志帝国政府宣布实施无限制潜艇战，雷德尔参加了掩护各进出港口潜艇的安全工作。1917 年，他晋升为海军中校。9 个月之后，他实现了自己梦寐以求的愿望：担任了一艘新的小型巡洋舰"科隆"号的舰长，被派往北海执行巡逻任务。

▲ ["俾斯麦"号战列舰]

"俾斯麦"号是德国布洛姆与福斯造船公司建造的,以德国首相俾斯麦的名字命名的一艘王牌战列舰。"俾斯麦"号的第一次及唯一一次的任务,是于1941年5月开始的莱茵演习行动,在大西洋上被英国军舰围追堵截。在被多次轰炸和鱼雷击中后,终于覆没。对于此舰,丘吉尔也曾做出过极高的评价,称其为"人类造舰史上的杰作"。

《凡尔赛条约》全称《协约国和参战各国对德和约》,是第一次世界大战后战胜国(协约国)对战败国(同盟国)的和约,它的主要目的是惩罚和削弱德国。

骑士铁十字勋章的佩戴方式与其他的勋章不同,规定是吊挂于制服领口处,佩戴在衣领中间。

随着德意志帝国的帝制被推翻及第一次世界大战结束,雷德尔升为海军上校,并于1920年7月被派往柏林的海军档案处工作,整理官方的海战资料。期间,他利用业余时间就读于柏林大学。当他准备考取博士时,又被提升为海军少将,并就任海军教育监的监督,掌管各海军学校的教育工作以及两艘训练用舰。

由于《凡尔赛条约》禁止德国设立参谋本部和海军大学,雷德尔建立了秘密的指挥与参谋人员训练班,同时也成立了海军各类专科学校。

重建海军

1924年,雷德尔接任北海轻舰队司令,以巡洋舰"汉堡"号为旗舰。次年2月,他被调回基尔,同时晋升为海军中将,担任波罗的海军区司令。

1928年,雷德尔晋升为海军管理局首脑(即海军总司令),获上将军衔,他积极从事扩建海军工作,提倡着重建造巡洋舰与潜艇,并专心致力于这项工作。他在"塞维拉"航空公司招牌的掩护下建立了半军事性的海军航空兵,为其以后的扩军打下了重要基础。

1934年希特勒上台后,雷德尔向其提出建设庞大舰队的Z计划,其主要内容是,建造大型水面舰只编成战斗群,从德国的港湾经由北海而直插大西洋,以攻击英国的生命线。这一大型水面舰队计划将于 1948 年建成。但由于他错估与英国交战的时间而令该计划终止，后来德国只得以少量兵力应战。

狼群战术与无限制潜艇战

雷德尔曾多次劝告希特勒，不要轻易介入国际纠纷，特别应当避免同英国发生战争。他和海军总部的军官都一致认为，德国的海军要想同英国海军作战力量是不够的。在他同伯姆和邓尼茨两位海军将军的一次会晤中，他曾断言："德国舰队除了战斗和光荣地沉没之外，不可能有别的作为。"但他又说，德国海军利用潜艇来破坏英国的海上联络，兴许能获得成功。所以当战争爆发时，他为弥补作战力量的不足而极力主张扩大海上袭击，支持无限制潜艇战。可是由于传统观念的限制，他仍偏重于水面舰艇的作用。

最后结局

在第二次世界大战期间，雷德尔主要以巡洋舰和快速战舰对盟军交通线发起攻击，虽小有斩获却未取得决定性胜利。他还策划了入侵挪威的"威瑟堡行动"和派遣耗费无数资源建造的"俾斯麦"号战舰攻击大西洋航线的"莱茵演习行动"，由于"俾斯麦"号被英军击沉，从此希特勒对水面舰队的信心尽失，将取得战果的期望转至卡尔·邓尼茨的潜艇部队，雷德尔也因此被冷落。

▲ ［雷德尔是第一个和最后一个接受了骑士铁十字勋章的人］

铁十字勋章中的骑士十字勋章是一种非常高的荣誉，相对于个人英雄行为的表彰，有时它会被授予一个部队的指挥官，以作为他指挥整个部队英勇行为的表彰。

1943 年 1 月，雷德尔属下的战列巡洋舰队司令官在一个薄暮时分对英国护航运输队发起攻击，结果被远远弱于自己的 3 艘英国驱逐舰赶了回来。希特勒对此十分不满。1 月 6 日，他又在一次会议上提及此事，雷德尔为自己的下属进行了辩护，恼怒的希特勒指斥和侮辱了雷德尔，致使这位海军元帅愤而辞职，其职位被邓尼茨取代。

德国战败后，已经退役的雷德尔成为苏军的俘虏，和其夫人一起被押解到莫斯科，之后被纽伦堡军事法庭判处无期徒刑，他要求盟军枪决他，最后被关进斯潘道监狱，1955 年因病获释，1957 年他还出版了回忆录《我的生平》，1960 年病逝于基尔。

莱茵哈特·卡尔·弗里德里希·冯·舍尔

> 莱茵哈特·卡尔·弗里德里希·冯·舍尔（1863—1928 年），是德意志帝国海军上将，日德兰海战中德国公海舰队指挥官。

莱茵哈特·卡尔·弗里德里希·冯·舍尔 1863 年 9 月 30 日生于汉诺威的奥伯恩基兴。父亲是朱利叶斯·舍尔，母亲的名字是玛丽·莱茵哈特，舍尔的名字看起来和她有关。舍尔似乎很珍惜自己的名字，以至于当德皇授予他贵族头衔后，他拒绝在名字中使用"冯"字，而是保持原状。

1879 年，16 岁的舍尔作为海军军校生加入德国海军并成为候补军官。

在 19 世纪 80 年代，舍尔建立了作为鱼雷专家的声望。他的仕途很顺利，1913 年 12 月 9 日晋升为中将。作为潜艇作战的强力支持者，自 1914 年 8 月德国宣布参与第一次世界大战后，舍尔计划和实施了德国潜艇对英国海岸线的直接袭击，他精心使用水面船只作为诱饵将英国战舰引入潜艇埋伏好的公海海域。

日德兰海战

1916 年 1 月 24 日舍尔取代胡戈·冯·波尔成为德国公海舰队的指挥官后，雄心勃勃地决定改变前任采取的消极态势。他计划削减对手英国皇家海军的优势，

▲ ［莱茵哈特·卡尔·弗里德里希·冯·舍尔］退役后的舍尔在魏玛定居，专心撰写战争回忆录《世界大战中的德国海军》。本书于 1919 年出版，并在一年后出版了英文版。

> 日德兰海战是第一次世界大战中规模最大的海战，也是这场战争中交战双方唯一一次全面出动舰队主力的决战，最终，舍尔率领的德国公海舰队以相对较少吨位的舰只损失击沉了更多的英国舰只，从而取得了战术上的胜利。战后结束了以战列舰为主力舰的海战史。

于是果断地决定在 1916 年 5 月下旬将英国舰队拖入一场战斗，他的意图在于分散英国舰队以便可以进行各个击破。

而另一边的英军恰好也打算使用一支舰队作为诱饵，使德国公海舰队陷入重围，这就是日德兰海战起因。

▲ ["德弗林格"号战列巡洋舰]

日德兰海战中，一艘德国战列巡洋舰成为最耀眼的明星，这场战斗完全成为德国"德弗林格"号战列巡洋舰的表演舞台。

双方的作战计划，导致了这场战斗异常混乱和充满风险，但凭借着舍尔的努力，德国公海舰队在陷入重围后通过漂亮的机动突出重围，免于溃灭的命运。

日德兰海战中，英海军伤亡远大于德海军。因此，舍尔于1916年6月5日晋升为海军上将，同时获得蓝马克斯勋章。

推行"舍尔计划"

第一次世界大战后期，无论是德皇威廉二世还是舍尔都不愿再次冒险让德国公海舰队在战斗中面对英国皇家海军。

更恐怖的是，德国被英军封锁，船舰只能在海岸附近的水域游弋。舍尔继续努力想打破德国海军所处的被动局面，于是大力鼓吹无限制潜艇战，并推动所谓的"舍尔计划"，即提升军工能力，以达到每月生产36艘潜艇的目标。但是他的努力收效甚微，德国公海舰队的士气也因此不断下降。

1918年8月8日，舍尔被任命为海军部部长，这个职位使舍尔成为实际的德国海军最高指挥官。

在第一次世界大战结束前夕，舍尔计划对英国舰队发动大胆的自杀性进攻，想通过这样的方式来突破困局，但是因遭遇了基尔水兵起义，计划被搁置下来，没有被执行。

11月9日，舍尔被威廉二世免职。在12月新的德国共和政府成立后，舍尔于12月17日正式退役。

舍尔是一位雄心勃勃并有卓越能力的指挥官，勤奋而且意志坚定，但并非独一无二。他在1916年的日德兰海战中表现出了勇敢、进取和富于竞争的精神，但这对改变当时德军战略形势却毫无作用。

"无限制潜艇战"是德国海军部于1917年2月宣布的一种潜艇作战方法，即德国潜艇可以事先不发警告，而任意击沉任何开往英国水域的商船，其目的是要对英国进行封锁。

1914年8月，俄国在芬兰湾口击沉德国"马格德堡"号轻巡洋舰后，俄国潜水员在德国军舰残骸里意外发现了一份德国海军的密码本和旗语手册，并将其提供给英国，使英国海军部轻而易举地破译了德国海军的无线电密码。

蓝马克斯勋章，又名功勋勋章，普鲁士和德意志帝国军队最高勋章。1667年，腓特烈大帝创立该勋章，以法语命名为"Ordre de la Générosité"（勇敢勋章）。1740年，腓特烈二世将其更名为"Pour le Mérite"勋章（意为"功勋勋章"）。在1740—1810年间，该勋章用于对军事和民政杰出功绩者的表彰。1810年后，腓特烈·威廉三世规定蓝马克斯勋章只能授予军事方面的突出贡献者。

德国远洋舰队之父

阿尔弗雷德·冯·提尔皮茨

阿尔弗雷德·冯·提尔皮茨（1849—1930 年）曾任德国公海舰队总司令，他提出"风险理论"，希望扩充德国海军以达到抑制英国海军的目的。

阿尔弗雷德·冯·提尔皮茨出生于 1849 年 5 月 10 日，16 岁时加入普鲁士海军，成为基尔海军学校的一名学生。4 年后，他被任命为一个小型鱼雷舰队的指挥官，巡航于英吉利海峡。

在普法战争期间，弱小的德国海军大部分时间待在海港中不敢出战，这令作为德军将领的提尔皮茨心中充满愤怒，为了能打破这种海军劣势，他开始对潜艇作战的威力产生了浓烈的兴趣，并展开积极的学习研究。到 19 世纪 80 年代，提尔皮茨已经成为潜艇作战的专家，曾一度有普法再开战就用潜艇突击法国瑟堡港的想法，时任德海军部长的列奥·冯·卡普里维非常支持他发展鱼雷潜艇的计划。

1887 年他护送威廉王子去英国参加他外祖母维多利亚女王继位 50 周年庆典，由此结识了后来的德意志帝国皇帝。1888 年亚历山大·冯·德蒙接任德海军部长，鱼雷部队不再被重视，提尔皮茨被调到波罗的海指挥巡洋舰。

当时威廉已成为皇帝，曾询问过提尔皮茨对海军发展的想法，他认为应该

▲ ［阿尔弗雷德·冯·提尔皮茨］

建立战列舰队，于是他就被调到北海筹建大洋舰队。1892 年，他被任命为海军参谋长，当时德国海军的思想还是远洋破交战，提尔皮茨认为没有战列舰保护的巡洋舰是无法在远洋生存的，但他的观点不被接受，他提出辞职，被威廉挽留。

1895 年他成为海军少将。1896 年英德关系恶化，德皇需要一支强大的舰队来增加外交发言权。当时的德国海军只是一支近海防御力量，而英国海军正值全盛时代，不但拥有规模庞大的舰队，而且拥有最优秀的人才，这支舰队守卫着从加拿大到澳大利亚、从印度到南非的几千万平方千米的殖民领地。英国皇家海军的战斗力对德国具有绝对优势。德国要想实现其野心，必须认真考虑这一严酷的事实。面对如此局势，德皇威廉二世非常着急，一直在为加强海军力量寻找出路。在一次宴会上，提尔皮茨提出了"风险理论"的策略，立刻引起了他的注意，二人深谈之后，1897 年提尔皮茨升任德国海军大臣，威廉二世全力支持提尔皮茨扩充德国海军力量。

风险理论，说简单些就是抑制英国海洋霸主地位的办法。英国海军分布于各个海域，而德国只针对北海区域，风险理论的方法就是加速制造海军舰只。既然无法短时间内在技术上追赶英国，那就要在数量上赶超英国海军。一旦德国战舰的数量追至英国海军的 2/3 左右，提尔皮茨认为，英国为了巩固自己的海

▲ [手拿三叉戟的阿尔弗雷德·冯·提尔皮茨]
德皇威廉二世曾说："手持三叉戟的海神尼普顿的形象，乃是吾辈必须完成的新使命之象征。无论在世界的何地，我们都必须对德意志的国民加以保护；而且无论在世界的何地，我们也必须维护德意志的荣誉！"

洋霸主地位，就会不得不承认德国海军第二霸主的地位。

1898 年，提尔皮茨提出第一舰队组建计划，并颁布实施了《海军法》，第一舰队将会包括两个分舰队，有 17 艘战列舰、9 艘大型巡洋舰及 26 艘小型巡洋舰和其他小型舰只。这个规模的建设计划将使德国舰队与法国比肩，初步具有挑战英国的能力，计划于 1905 年完成，总耗资近 4085 亿马克。为了获得资助，提尔皮茨充分利用了民间力量，一边寻找当时的富翁支持，一边还积极利用报

纸杂志动员全国的"海军热情"。提尔皮茨雄心勃勃，毫不掩饰他想建设一支足以与英国皇家海军匹敌的舰队。

随后，1900 年他又提出了新的计划，计划在 17 年内，使德国海军拥有一支包括 2 艘旗舰、36 艘战列舰、11 艘大型巡洋舰和 34 艘小型巡洋舰的舰队。德国的海军热情一时间全员高涨。

面对着德国的咄咄逼人，英国人决心保住它的海上霸主地位，也加大了制造战舰的力度，本来计划在 1906 年下水的新式"无畏"号主力战列舰，此前因为财务压力，稍稍放缓，但由于德国人的刺激，时任英国海军大臣的丘吉尔下令开始加速建造。

一时间，两国开始了"生产大比拼"。1911 年，提尔皮茨升为德国公海舰队总司令，并晋升为拥有 4 颗将星的元帅军衔，提尔皮茨继续实施着他的计划，他想通过加强德国海军实力，达到"不战而屈人之兵（此兵指英国）"的效果。提尔皮茨获得了"永远的提尔皮茨"这样一个称号。这个称号是因为德皇威廉二世身边的人如走马灯一般来来往往，只有提尔皮茨始终保持权力。即使是皇帝的兄弟海因里希，在和提尔皮茨争吵之后，也被德皇以晋升的方式调离岗位。

第一次世界大战爆发后，将各国卷入其中，德国的海军力量在战斗中接受了检验。虽然有日德兰海战这样的胜利，但总体来说，没有对全局带来太多帮助，德国最后以战败国收场。提尔皮茨提出

的战略遭受质疑，提尔皮茨于 1916 年 3 月委婉地提出辞呈以表示抗议。面对英国这样过于强大的敌人和对海军期望过高的皇帝，"永远的提尔皮茨"最后还是失去了宠爱，被排挤和冷落。

1919 年，提尔皮茨出版了他的自传《我的回忆》。1930 年 3 月 6 日，提尔皮茨死于伊本豪森，并被埋葬在慕尼黑的一个公墓中。提尔皮茨一生虽未能使德国海军横霸天下，但作为德国远洋舰队之父，他当之无愧。

▲ ［德意志帝国海军元帅银章——阿尔弗雷德·冯·提尔皮茨］

德皇威廉二世是一个自幼就对海军有一种特殊喜好的人。在他还是皇孙时，在看到英国皇家海军的强大阵容后就让他有了美慕之情，于是在继位后，他内心的虚荣心令他不甘受制于人，于是与曾经的辅政大臣俾斯麦产生了尖锐的对立，逼迫其辞职，而令自己的计划顺利实施。

出师未捷身先死

斯捷潘·奥西波维·马卡洛夫

斯捷潘·奥西波维·马卡洛夫（1849—1904 年），俄国著名的海军将领、科学家、海洋学家和极地探险家。在对土耳其的战斗中，成功地用鱼雷击沉了"因奇巴赫"号战舰，这是历史上的首次。

1849 年 1 月 8 日马卡洛夫出生于俄国一个海军军官家庭。受父亲的影响，他从小就向往航海探险和海战生活。1865 年他以优异的成绩毕业于尼古拉耶夫斯克海军学校，进入俄国海军服役。

船泊不沉性理论的奠基人

进入军队的马卡洛夫对潜艇研究非常着迷，1876 年以前，他一直在俄罗斯太平洋分舰队和波罗的海舰队中任职，他建议将舰艇隔成若干个水密舱，安装大功率的排水泵和排水管道，并配备特种堵漏垫以堵塞破损。马卡洛夫也曾因此被苏联海军界誉为"船泊不沉性理论的奠基人"。

1876 年，他调到黑海舰队后，建议将"康士坦丁大公"号汽船改装成母舰，向敌舰泊地运送水雷艇，这为建造水雷艇和鱼雷艇奠定了基础。

▲ [斯捷潘·奥西波维·马卡洛夫]

1890—1894 年任职波罗的海舰队副司令期间，马卡洛夫发明了一种炮弹弹帽，大大增强了炮弹的穿透力，其被称为"马卡洛夫弹帽"，但没有被实践列装，不知道具体效果如何。

首次以鱼雷击沉军舰的战例

1877 年俄土战争爆发。29 岁的马卡洛夫以水雷艇母舰舰长的身份，多次指挥水雷艇母舰对土耳其舰队和商船实施出其不意的攻击，击沉、击伤土舰多艘。

1881 年，他首次在俄国海军中使用"瓦伊特赫德"自动水鱼雷，并于 1 月在巴统海域击沉土耳其蒸汽护航舰"因奇巴赫"号，创造了历史上鱼雷击沉军舰的首次战例。

海洋学家、探险家

1881 年，马卡洛夫指挥"塔曼"号警卫舰，主动考察了博斯普鲁斯海峡，第 1 次在该海峡发现了深水海流，并撰写了一部《关于黑海和地中海的水量交换》的著作，获得俄国科学院奖金。以后指挥"勇士"号又进行了长达 3 年的环球航行，他详细考察了大西洋和太平洋的广大区域，撰写了《"勇士"号和

▲ [马卡洛夫纪念邮票]

▲ [马卡洛夫环球航行所乘坐的"叶尔马克"号破冰船]

1898 年下水的"叶尔马克"号是第一艘能在北极航行的破冰船，直到 1964 年报废，曾经为俄国、苏联海军和商船服务，成为服役时间最长的破冰船。

太平洋》一书，获得了世界海洋学家的声誉。

如天才一般存在的马卡洛夫还对战术战略有过深层次的研究。1897 年，他发表了《论海军战术问题》，全面论述了装甲舰队舰艇作战的基本原理，在世界海军界产生了巨大的影响。

建议未获海军部重视

1904 年，日俄战争爆发前夕，马卡洛夫提出建议，停泊在旅顺港外锚地的俄国舰艇处境危险，随时可能遭受日军袭击，但未获得海军部重视。日俄战争爆发后，日军联合舰队果然对俄军在旅顺港的军舰进行了袭击，使俄军遭受重创。马卡洛夫临危受命，到旅顺就职为俄国太平洋舰队司令。他采取了一系列紧急补救措施，他在到任第 3 天便率舰队出港，几次打退日军进攻，恢复了俄军的士气，扭转了被动应战的局面，并一反过去消极防御为主动出击。

马卡洛夫当场阵亡

日本联合舰队司令官东乡平八郎，抓住俄军欲扭转战局而急于出击的心理，在 1904 年 4 月 12 日深夜派军舰在旅顺港外秘密布放了大量的水雷，又派出军舰在旅顺港外挑衅俄舰队，以达到诱敌的目的。

4 月 13 日拂晓，俄外出归港的驱逐舰遭到日驱逐舰围攻。马卡洛夫亲自率舰队驶出港口迎战，并奋起直追撤逃的

日舰。当发现日军主力舰队早列阵以待后，果断下令各舰返航，他所乘的"彼得罗巴甫罗夫斯克"号在旅顺口黄金山外海触雷，并引爆了该舰舰艉的弹药库。顷刻间，"彼得罗巴甫罗夫斯克"号被炸沉海底，马卡洛夫当场阵亡。

马卡洛夫在俄国当时的海军将领中犹如凤毛麟角，他的阵亡对俄国是一个重大的损失，但俄国政府并没有忘记他，1913 年，沙俄政府在喀琅施塔得和尼古拉耶夫等地，为其建立了纪念碑。多年后，苏联海军也曾以马卡洛夫的名字命名了许多舰艇、军校、基地和港口。

▲ [1976 年发行的纪念"叶尔马克"号破冰船的邮票]

在 1897 年，马卡洛夫就提出了"向北极进军"的战略口号。在他的主持下，沙俄于第二年设计制造出了世界第一艘远洋破冰船"叶尔马克"号。

另类鬼才
托马斯·科克伦

托马斯·科克伦（1775—1860年），被叔叔带进海军，从此一发不可收拾，但由于"年轻气盛"，未能在英国做出多大的功绩，却名扬南美几国。

托马斯·科克伦 1775 年出生于英国拉纳克郡的阿内斯福尔德。1793 年，18 岁的科克伦加入其叔叔指挥的一艘军舰，开始在皇家海军中服役。1809 年，在一次与法国军舰的作战中，科克伦利用火烧法国战船，在战况很好的情况下，却因他的指挥官甘比尔海军上将未能及时跟进，结果功亏一篑。科克伦大怒，臭骂了甘比尔海军上将，结果被送上军事法庭。虽说这次他被宣布无罪，但是由于年轻气盛，不久他又耍起了性子，大骂海军管理司。1814 年，他因为臭名昭著外加被诬陷欺诈罪，被踢出了英国皇家海军。

▲ [科克伦雕像]

任职智利海军司令

被踢出英国皇家海军的科克伦揣着望远镜和航海图，远赴大洋彼岸，搞革命去了。

1817 年，智利海军成立，非常缺海战人才，正好科克伦来了，领袖圣马丁非常高兴，马上任命科克伦为智利海军司令。这个在自己国家被搞臭了的军官

在别人的国家成了海军统帅。由于智利海军军舰少，科克伦就带领他们干起了海盗的营生，通过海上封锁、炮击海岸、登陆袭扰，连续挫败西班牙军队，还偷袭了西班牙在南美沿海的重要海军基地，俘虏了西班牙的最强战舰"埃斯米拉达"号，科克伦打破了西班牙对南美海岸的控制。

科克伦对控制南美海岸的西班牙进行了严厉的打击，在他的配合下，圣马丁将军解放了智利和秘鲁。革命成功后，科克伦成了英雄，不过不安于现状的他离开了智利。

任职巴西海军司令

科克伦的革命激情还没熄灭，他是天生的战士，从智利离开后他来到了巴

西。当时巴西为了摆脱葡萄牙人的控制，正在如火如荼地进行独立战争，科克伦的到来使巴西人民很激动，便把刚诞生没多久的巴西海军交给他指挥。1823 年，科克伦率领巴西的 2 艘护卫舰，通过偷袭骚扰等手段和葡萄牙由 60 艘运输船、30 艘战舰组成的舰队周旋，将葡萄牙舰队搞得疲惫不堪，最后迫使葡萄牙舰队回国，为巴西独立起到重要作用。巴西独立了，科克伦又没事干了。

任职希腊海军司令

当他听说希腊人民在反抗土耳其统治，革命事业很红火时，1825 年他又来到了希腊，受雇指挥希腊海军，参加反对土耳其统治的独立战争，由于希腊政府对他的支持不够，作用不显，1828 年他回到了英国。

稀奇古怪的想法

回国后，科克伦恢复了自己的名誉，同时也恢复了官职，还在 1851 年被提升为海军少将，但是没有了战争的机会，科克伦无所事事，经常琢磨各种稀奇古怪的战争方式，比如：他琢磨用蒸汽动力来改进当时的军舰，又琢磨了一种接近敌人目标后可以爆炸的舰船。另外，他还是世界上第一个考虑把毒气用在战争中的人，所幸的是英国皇家海军觉得科克伦的"化学战"不靠谱，于是就给封存了。

1860 年 10 月 30 日，科克伦在伦敦

▲ ［科克伦肖像］

科克伦著有《水手自传》一书。

科克伦因为散布关于拿破仑退位的谣言以在证券交易中大捞一笔的阴谋而受审，被判处徒刑，因而被逐出议会，并被褫夺 1809 年因战功而获得的巴兹勋位。此时的科克伦陷入人生低谷，幸得智利邀请，才有了用武之地。

去世。科克伦在英国海军中的影响不大，但在智利、秘鲁和巴西等南美国家看来，他是一位有着革命热情的海战英雄，堪称历史上最出色的"海上游击战"专家。他称不上是伟大的海军统帅，但绝对是历史上最传奇、最具特色的海军统帅。

硬闯水雷区的海军将领

戴维·格拉斯哥·法拉格特

▲ [华盛顿国家肖像画廊中的戴维·格拉斯哥·法拉格特]

明知道海水中布满水雷，还豁出命去硬闯，还能把仗打赢了，如此彪悍的将军便是美国历史上第一位海军少将，也是美国南北战争时期的第一海战将军——戴维·格拉斯哥·法拉格特。

1801年，法拉格特7岁时父母病死，他被一位名叫戴维·波特的海军上校收养。8岁时他第一次随养父出海；11岁便随养父参战；12岁第一次押运战利品回国；13岁落水被俘。法拉格特从小就学习了不一样的航海技术，随后参加过1812—1814年的美英战争和1846—1848年的美墨战争。

美国历史上第一位海军少将

南北战争爆发后，法拉格特率领北军分舰队支援陆军攻占新奥尔良的战争，要去新奥尔良需要经过南军的要塞杰克逊港，这是个坚固难攻的要塞，南军以为北军会重点攻击杰克逊港。可法拉格特却趁着夜色，绕过了杰克逊港，直接进攻了新奥尔良，守军还没反应过来就被打败了。

新奥尔良之战的胜利使法拉格特人气飙升，美国国会专门新设了一个军衔——海军少将授予他，他成了美国历史上第一位海军少将。

赢得了莫比尔湾战役

法拉格特在美国内战中指挥的最后一战也是最艰难的一战是1864年8月进军亚拉巴马州的莫比尔海湾。这个海湾是南军苦心经营的军事要地，出入口全是水雷，海湾岸边都是火炮，海面上还有铁甲舰船巡航。在这样的情况下，年届七旬的法拉格特毅然乘着"哈特福德"号，带领北军的舰队杀入了莫比尔湾，虽有战舰通过峡湾时发生了爆炸，但未能吓退法拉格特前进的勇气，法拉格特指挥舰队击败了南军的舰甲舰队，赢得了莫比尔湾战役。

身为统帅，能够在明知有水雷的情况下毅然和其他舰船一起前行，堪称英雄。

美国内战后，法拉格特成为美国历史上第一位海军上将，成为与格兰特、谢尔曼齐名的最闪亮的美国将星。

▲ [戴维·贝蒂的旗舰——"雄狮"号]

晋升最快的将官
戴维·贝蒂

在英国皇家海军中晋升最快的将官纪录,除了皇族之外,一直由纳尔逊子爵保持,直到戴维·贝蒂出现。

戴维·贝蒂 1871 年 1 月 17 日出生于爱尔兰柴郡的一个小村落。1884 年 1 月,13 岁的贝蒂作为英国海军军官候补生登上"大不列颠"号训练舰,进入了皇家海军。此后,他的升迁之路真如平步青云:1910 年,时年 39 岁的他成为英国百年以来最年轻的海军少将,他打破了由纳尔逊保持的非皇族官员的升迁纪录,但这并不是结束。42 岁时他升为海军中将,被任命为第一战列巡洋舰分舰队的指挥官。

1914 年 8 月,戴维·贝蒂参加了英军在赫尔戈兰湾对德军的战斗。此战贝蒂受到广泛的好评,被誉为像霍雷肖·纳

▲ [戴维·贝蒂雕像]

尔逊一样的人物。

1916 年 5 月底，日德兰海战爆发，戴维·贝蒂负责指挥战斗巡洋舰和第五快速战列舰战斗分队。贝蒂在主力舰队到达伏击地后，主动进攻德国海军上将舍尔的主力舰队，以诱敌为目的，拉开了这次大海战的序幕。尽管在最初与德军战斗巡洋舰队的交战中损失了"不懈"号和"玛丽女王"号 2 艘战斗巡洋舰，但贝蒂仍成功地引诱了强大的德国海军的主力舰队驶向英国海军上将杰利科统率的主力战列舰队。在皇家海军和德国公海舰队的这次遭遇战中德国获得了战术上的胜利。但是这种胜利却不能动摇英国此战中在战略上的成功，此后气馁的德国舰队再也不敢贸然出击。

日德兰海战是战列舰时代规模最大也是最后的一次舰队决战。由于在日德兰海战中没有为英国取得显著的胜利，戴维·贝蒂和杰利科一起作为主要负责人受到抨击。

在抨击声中杰利科升任英军海军部第一大臣之后，贝蒂也随之升迁，但贝蒂主张对德军使用无畏舰队护航，以保持既有的制海权，这与时任海军第一大臣杰利科的政见不同，不过贝蒂的意见受到英国首相的支持，杰利科由于不赞成护航而造成主力舰队的削弱，最终在

1914 年第一次世界大战爆发时，贝蒂正担任战列巡洋舰分舰队的司令，他的上司也是海军史上的一位名将，即英国大舰队总司令杰利科，由于担心贝蒂过于生猛的性格，起初杰利科只分配给贝蒂一些巡逻侦察的事务。但由于德国火力过于猛烈，杰利科这才派贝蒂上阵。

生活中的贝蒂是一个浪荡风流男，先是娶了一个富翁的女儿，后又与一个富豪美女路易丝玩婚外情，这让贝蒂更加戏剧化，比谨慎保守的杰利科更受公众喜欢，人气旺盛。

1917 年被解职。

1918 年 11 月 21 日，第一次世界大战全面停止后，贝蒂代表战胜国接受了德国公海舰队的投降。次年，贝蒂便晋升为海军元帅，封为伯爵。

1919 年 10 月，贝蒂担任英国海军部第一大臣，他积极倡导保持海军力量。同时还不顾反对，坚持舰队航空力量的独立性，并在新加坡创建了强大的基地。

贝蒂足智多谋、活力四射，颇受公众的欢迎，加上他相貌英俊，风流倜傥，使得他有着如戏剧般的人生，他是第一次世界大战中英国最耀眼的海军将领，在任海军大臣期间还奠定了第二次世界大战英国海军的基础。1936 年 3 月 11 日，戴维·贝蒂伯爵逝世于伦敦，终年 55 岁。

巨舰大炮时代的启动者
约翰·阿巴斯诺特·费舍尔

约翰·阿巴斯诺特·费舍尔（1841—1920 年），是英国皇家海军历史上最杰出的改革家，他对英国海军各个领域都进行了广泛的探索，是英国得以在第一次世界大战中确保海上优势的推手。

费舍尔 1841 年 1 月 25 日出生在锡兰的一个军人家庭。13 岁时便作为少年水手加入了英国皇家海军，1854 年 6 月 12 日在著名的特拉法尔加战役中，费舍尔在纳尔逊的旗舰"胜利"号上服役。进入海军以后，费舍尔一心研究武器与战术，渐渐地展示出卓越的才能。

1874 年，33 岁的费舍尔晋升为海军上校。1876 年，他创设了被称为"弗农"号的独立组织，以专门负责鱼雷和水雷作战的训练。1882 年，费舍尔提出了燃油引擎的改造建议，这项改变使得舰队的活动半径大约是之前舰队的 4 倍。

1890 年，费舍尔晋升为海军少将，担任朴次茅斯海军造船总监，他改造了雷击舰驱逐舰，对抗因鱼雷产生的威胁，并打破了法国以大规模的轻型鱼雷舰控制英吉利海峡的计划。这是后来驱逐舰的鼻祖。

1904 年 10 月 21 日，63 岁的费舍尔担任英国海军第一海务大臣，面对新兴的德国海军力量，英国海军需要更快速的更新、升级，而实施这一计划的正是费舍尔。费舍尔把英国海军中老旧的舰队全都拆解

▲ ［约翰·阿巴斯诺特·费舍尔］

重新利用，用省下来的钱建造新的"无畏"号战列舰。历经不到 10 年的时间，费舍尔的新战舰队就取代了英国海军中大部分的老战舰。1909 年，他更是设想为英国皇家海军建造无敌级战列巡洋舰，这种舰只采用战列舰的火炮，牺牲装甲防护以提高速度，通过远距离与敌舰交火。但是这个设想由于 1909 年他被迫退休而中止。

1910 年，费舍尔辞职了，原因很简单，由于他残暴和冷酷的执政，令对手找到了可乘之机，但是丘吉尔的上台，又让费舍尔的计划得以执行。1914 年，第一次世界大战爆发，时任海军大臣的丘吉尔把费舍尔继续聘为第一海务大臣，虽然有着无数的反对之声，但这二人的合作，使英国主力战列舰在马尔维纳斯群岛大获全胜；之后英国海军更是击沉了德国赫赫有名的重火力高航速巡洋舰"布吕歇尔"号。

但后来在达达尼尔海战中，费舍尔与丘吉尔的战略大相径庭，两人为此争论不休，费舍尔对丘吉尔的自以为是忍无可忍，愤而辞职。此后这位海军强人再未发挥任何作用，1920 年 7 月 10 日，79 岁的费舍尔在伦敦病逝。

费舍尔的冷酷无情、严厉苛刻令人望而生畏，但他独特的战略眼光和管理才能又令人钦佩。在英国与德国的海洋战舰"生产大比武"中，引导世界各国开创了海军史上的"巨舰大炮时代"，由他设计建造的"无畏"号战列舰在航母出现之前，一直是海战中的巨兽。

▲ [1902 年名利场中的费舍尔漫画]

"无畏"号战列舰是英国皇家海军设计的一种划时代的战列舰。它远优于同时期的同类军舰。它采用统一弹道性能的主炮，不仅使得战舰的火力提升，而且舰上的指挥人员能够统一指挥所有主炮瞄准相同目标进行齐射，用覆盖式的火力投射范围来提高主炮的命中率。根据英国人自己的测试，采用统一指挥火控的"无畏"号相比之前的战列舰，命中率提升了 5 倍以上。

战争的本质是暴力，战争中的中庸便是低能。

——费舍尔

天才军事家
尼古拉·格拉西莫维奇·库兹涅佐夫

库兹涅佐夫（1902—1974年）是第二次世界大战时期的苏联海军总司令，军事家，苏联海军元帅，"苏联英雄"称号获得者。在斯大林晚年和赫鲁晓夫时期曾两度被解除职务降级。这是苏联海军中的传奇人物。

库兹涅佐夫1902年7月11日夫出生于德维纳河流域的麦德维德卡村。自幼丧父，在教会学校学习了几年简单的认字。1919年，17岁的库兹涅佐夫应征入伍，加入了红海军北德维纳河区舰队。因为聪明好学，次年进入海军学校学习，毕业后加入了黑海舰队。27岁时，被斯大林选中送入海军学院深造，1932年毕业后在"红色高加索"号巡洋舰担任大副，次年升任舰长。

出任海军人民委员兼海军总司令

1936年7月，库兹涅佐夫出任苏联驻西班牙大使馆海军武官兼西班牙海军总顾问。之后，库兹涅佐夫升任苏联太平洋舰队司令，被授予海军中将军衔，带领苏联舰队对抗日军在张鼓峰一带的挑衅，因为战功显著，不足37岁的库兹涅佐夫不久出任苏联海军人民委员兼海军总司令。

▲ [库兹涅佐夫元帅]

"我的整个生命和红海军紧密联系着，我年轻时就做出了这个选择，并且永不后悔！"——库兹涅佐夫

▲ ["库兹涅佐夫海军元帅"号航空母舰]

"库兹涅佐夫海军元帅"号（姊妹舰是"瓦良格"号，"辽宁"舰的前身）航空母舰是苏联和俄罗斯第一艘真正意义的航空母舰，是世界上第一艘同时拥有斜直两段式和滑跃式飞行甲板的航空母舰，也是俄罗斯海军如今唯一一艘在役的航空母舰。1982年4月1日开始建造，1991年正式服役，现部署于俄罗斯海军北方舰队。

为粉碎法西斯进攻做出了贡献

库兹涅佐夫在担任苏联海军总司令职务期间合并了波罗的海沿岸各国海军，获得了更多的海军基地，以对抗法西斯的侵略。为了更好地打击法西斯，库兹涅佐夫组织并实施了十次轰炸柏林的行动，均获得成功，沉重打击了纳粹德国。库兹涅佐夫为粉碎法西斯进攻做出了贡献。

库兹涅佐夫是2次"苏联英雄"称号获得者，同时还获得了9枚列宁勋章、3枚红旗勋章、3枚一级乌沙科勋章、3枚一级纳西莫夫勋章等。1991年，世界上第一艘同时拥有斜直两段式飞行甲板和滑跃式飞行甲板的航空母舰，也是俄罗斯海军如今唯一一艘在役的航空母舰就命名为"库兹涅佐夫海军元帅"号，其姊妹舰就是"瓦良格"号，也就是"辽宁舰"的前身。

两次被降职

战后，因政治斗争库兹涅佐夫被解职并被多方审查，但没有发现问题。1953年，库兹涅佐夫再次被斯大林重用，担任国防部第一副部长兼海军总司令，获得苏联海军元帅军衔。但是好景不长，1955年10月，苏联战列舰"新罗西斯克"号在塞瓦斯托波尔港爆炸沉没，库兹涅佐夫因担负失察之责，年底被解除职务，第二年2月被降为海军中将并退役。

1974年12月6日，库兹涅佐夫带着遗憾在莫斯科去世，终年72岁，葬于红场克里姆林宫宫墙下。直到1988年，苏联政府才恢复了他苏联海军元帅军衔，充分肯定了这位海军统帅的历史地位。为了纪念他，1991年服役的俄罗斯航母被命名为"库兹涅佐夫海军元帅"号。

海洋科技人物

Marine Science and
Technology Figures

发明测量海流方法者
富兰克林

本杰明·富兰克林（1706—1790年）出生于美国马萨诸塞州波士顿，是著名的政治家、外交家、著作家、科学家、发明家。

身份尊贵显赫

富兰克林是美国杰出的外交家及发明家、美国独立战争时重要的领导人之一、美国的开国三杰之一，参与了多项重要文件的草拟，比如参与起草了举世闻名的《独立宣言》；创立了美国民主党，创立了议员近代选举法，先后当选为宾夕法尼亚州的州长，他还创立了近代的邮政制度，是美国第一位驻外（驻法国）大使、第一位哲学家和学者。

▼ [《独立宣言》]

▲ [富兰克林雕像]

80岁的富兰克林忍受着肾结石所带来的病痛，还坚持测量和记录海水温度，那是一项他坚持了30年的研究——绘制湾流图。

大量的发明贡献

富兰克林还在各个领域中做出了大量的发明贡献。他曾经进行过多项关于电的实验，并且发明了避雷针，最早提出电荷守恒定律；他是英语发音的最先改革者，出租文库的创始人；墨西哥湾海流与暴风雨推移图的发明者，以及口琴、双焦点眼镜、蛙鞋、近代牙科医术、夏日制作息时间的发明设计者；他还是很有名的游泳选手、印刷商、新闻工作者、广告人、出版商、记者、作家、慈善家等。

富兰克林精心设计了避雷针的大小、地面设备的类型以及如何将其与建筑物连接，直到今天避雷针仍基本保持了他当年的设计。

1753年，俄国著名电学家利赫曼为了验证富兰克林的实验，不幸被雷电击死，这是做电实验的第一个牺牲者。

▼ [美元上的本杰明·富兰克林]

正面这位人物可不是什么美国总统，而是本杰明·富兰克林，他发明了避雷针，参与了美国宪法的起草，修改了《独立宣言》，是唯一出现在美元上的没当过总统的名人。虽然他生于波士顿，但最后却葬于费城，而且一生中的大部分活动也在费城，所以费城以富兰克林为傲。

休息的时间依旧在测量海流

一艘轮船在大西洋上颠簸前进，其他旅客都进舱休息了，独有一位旅客总是不知疲倦地在甲板上忙来忙去，一会儿远眺，一会儿俯瞰，一会儿凝神思索，一会儿又在随身携带的笔记本上记录什么。

有个水手走过来说："富兰克林先生，您在欣赏海景吗？""欣赏海景？不！"富兰克林随后又解释说："也算是欣赏海景吧！"

"怎么也算呢？"水手奇怪了。

"啊，我在思考海湾暖流对陆地气候的影响。"富兰克林把手搭在水手的肩上说。

水手不理解富兰克林为什么在休息的时间里还要干这些事情。富兰克林转头望着水手问："你热爱生命吗？"水手点了头时，他又继续说："那么别浪费时间，因为时间是组成生命的材料啊！"

▲ [双镜片眼镜出现前戴单镜片眼镜的男士]

▲ [达·芬奇蛙鞋雏形图]

蛙鞋是潜水装备的一种,也用于其他水类运动,包括游泳、身休冲浪、跪板冲浪、水底曲棍球、水底橄榄球等,穿着后可以更加有效地在水中移动。在富兰克林之前,艺术家兼发明家达·芬奇就绘制过蛙鞋的雏形构想。

富兰克林不仅仅有上文提到的那些成就,在数学方面,他创造了八次和十六次幻方,这两种幻方性质特殊,变化复杂,至今仍为学者所称道;在热学中,他改良了取暖的炉子,可以节省3/4的燃料,被称为"富兰克林炉";他和剑桥大学的哈特莱共同利用醚的蒸发得到 −25℃ 的低温,创造了蒸发制冷的理论。

"威廉,我被电击了!"

1752 年 7 月的一天,阴云密布,电闪雷鸣,一场暴风雨就要来临了。富兰克林和他的儿子威廉一道,带着上面装有一个金属杆的风筝来到一个空旷地带。富兰克林高举起风筝,他的儿子则拉着风筝线奔跑。由于风大,风筝很快就被放上高空。刹那间,雷电交加,大雨倾盆。富兰克林和他的儿子一道拉着风筝线,父子俩焦急地期待着,此时刚好一道闪电从风筝上掠过,富兰克林用手靠近风筝上的铁丝(另一个说法是铜钥匙),立即掠过一种恐怖的麻木感。他抑制不住内心的激动,大声呼喊:"威廉,我被电击了!"随后,他又将风筝线上的电引入莱顿瓶中。回到家里以后,富兰克林用雷电进行了各种电学实验,证明了天上的雷电与人工摩擦产生的电具有完全相同的性质。富兰克林关于天上和人间的电是同一种东西的假说,在他自己的这次实验中得到了证实。

本杰明·富兰克林担任过英国皇家学会院士,也曾是美国首位邮政局局长。法国经济学家杜尔哥评价富兰克林:"他从苍天那里取得了雷电,从暴君那里取得了民权。"

本杰明·富兰克林曾被美国的权威期刊《大西洋月刊》评为影响美国的 100 位人物第 6 名。

富兰克林发明的双焦距眼镜:戴上这种眼镜既可以看清近处的东西,也可看清远处的东西,便于老年人使用。

第一艘螺旋桨战舰发明者
约翰·埃里克森

约翰·埃里克森（1803—1889年），是瑞典裔美国海军工程师，他是19世纪最具创造力的工程师和发明家，发明了热式发动机、改进了螺旋桨推进器等，后来又以他所设计的在美国内战中使用的"低舷铁甲舰"而闻名。

1803年7月31日，埃里克森出生于瑞典的韦姆兰郡。青年时代曾加入瑞典军队，23岁时移居英格兰。在那里，他开始研究螺旋桨在船上的使用、火炮的改进和用热空气代替蒸汽驱动发动机等。

1836年，他在澳大利亚人罗素使用的螺杆基础上，发明了具有划时代意义的推进工具——螺旋桨，并取得螺旋桨发明专利，于1837年在伦敦设计建造了第一艘用螺旋桨推进的实用船。这引起了美国政府的高度重视，并邀请埃里克森参加美国海军，埃里克森欣然同意。

▲ ［约翰·埃里克森］

制造"普林斯顿"号军舰

1844年，埃里克森为美国海军设计建成了世界上第一艘使用螺旋桨的战舰"普林斯顿"号。该舰是第一艘在船体水线以下安装蒸汽发动机，并由螺旋桨驱动的铁甲蒸汽军舰。

就在"普林斯顿"号军舰下水时，带有来复线的舰炮也研制成功了，该炮被安装在"普林斯顿"号舰首。2月28日，

埃里克森邀请了包括美国总统约翰·泰勒及其夫人在内的军政要员随舰观看发射试验，但在火炮试射时发生了爆炸，当场炸死了美国国务卿、海军部长以及几名议员。大炮爆炸的原因在于炮弹在来复线上卡得太紧，炮壁无法承受炮膛内的瞬间压力。后来，借鉴此次惨痛的经验，舰上被改装为"俄勒冈"炮，最终试航取得圆满成功，由于该舰装配有螺旋桨，航速快、火炮威力大，在当时

▲ ［"莫尼特"号铁甲舰抗击了南部同盟军的"弗吉尼亚"号铁甲舰］

被称为"海上霸王"。

"莫尼特"号铁甲舰

美国内战期间，埃里克森为北方联邦海军建造了由蒸汽机带动螺旋桨驱动、装有旋转炮塔的"莫尼特"号铁甲舰。当时的舰艇上装载的火炮都是固定的，不能旋转，所以装有旋转炮台的"莫尼特"号更加灵活机动，这是海军兵器史上的一次重大革新。

在1862年3月9日爆发的汉普顿海战中，北方联邦海军的"莫尼特"号铁甲舰抗击了南部同盟军的"弗吉尼亚"号铁甲舰。"莫尼特"号铁甲舰开创了现代军舰的新时代。

埃里克森在终生从事热能研究的同时，还进行了其他方面的研究和发明，诸如从海水提取盐的装置、通风扇、舰载测深仪，以及太阳能利用等。他的许

▲ ［"莫尼特"号的锚］
此锚现在陈列于位于美国加利福尼亚州旧金山市的美国国家海事博物馆。

多发明都超越了所处时代的技术水平，为此他受到世人的尊敬。

1889年3月8日，埃里克森在纽约逝世，其遗体1890年被运往瑞典。

挑战深海
奥古斯特·皮卡德

奥古斯特·皮卡德（1884—1962年），20世纪最著名的探险家，密封压力舱原理的发明者，也是世界上第一个飞上同温层的活人，他设计的深潜器成功载人下潜至4176米的深海。

奥古斯特·皮卡德1884年1月出生在瑞士的巴塞尔，他的父亲是巴塞尔大学的化学教授，不过皮卡德并没有继承父亲的事业，他对机械和物理更有兴趣。他从瑞士苏黎世大学的机械工程专业毕业后，就被聘为比利时布鲁塞尔大学的教授，那年他才20岁。

在20世纪初时，曾盛行吊篮式升空气球，但这种气球无法克服高空严寒和空气稀薄对飞行员生命的威胁，升空高度受到影响。皮卡德设计出了一种铝制的密封舱，解决了这两个问题。1913年，29岁的皮卡德乘坐自己设计的气球，垂直上升到了16 165米的高空，到达了平流层，安全飞行了16个小时，飞越了德国和法国的上空。这次创纪录的飞行，使皮卡德成为世界上第一个飞上同温层的活人，他用肉眼观测到了地球的曲率。他还帮助好友爱因斯坦收集了许多关于宇宙射线的第一手数据。在20世纪30年代，他一共尝试了27次飞行，创造了23 000米的高空飞行纪录。

1933年，49岁的皮卡德在美国芝加哥认识了正在从事深海探险工作的美国

▲ ［奥古斯特·皮卡德］

没有冒险精神就没有人类文明。历史上许多科学家凭借对自然的敬畏、对未知世界的好奇，痴迷探索，执著于发明，奥古斯特·皮卡德就是他们中的一员。著名的《丁丁历险记》里的向日葵教授就是以他为原型塑造的。

动物学家毕比。毕比描述的深海景象，深深吸引了皮卡德。这促使他将研究方向转向了深海。皮卡德是一位知识渊博、精通机械的科学家，又是一位勇敢顽强、不畏艰险的探险家。

有一位作家曾这样总结皮卡德祖孙三代："这三个人最疯狂的梦想是变成鱼或变成鸟。不过，很了不起的是，他们最终梦想成真。"

▲ ［奥古斯特·皮卡德］

▲ ［"FNRS-2"号深潜器］

皮卡德一家祖孙三代都各自创造了当时世界上的纪录。奥古斯特·皮卡德是世界上第一个飞上同温层的活人；他的儿子雅克·皮卡德是世界上潜水潜得最深的人，他曾于1960年1月乘潜水器到达10 916米深的马里亚纳海沟的"挑战者深渊"，创下了人类探索海洋的最深纪录；他的孙子伯特兰·皮卡德则是世界上第一个驾驶气球不间断成功环绕地球的人。

　　他解决了深海探险的三大难题：一是水中呼吸；二是压力；三是深潜器的上浮问题。1948年，64岁的皮卡德乘坐自己设计的深潜器"FNRS-2"号下潜到了25米，并安全返回。最初这艘潜水艇并没有打算载人下潜，经过几次成功的无人下潜后，奥古斯特将它赠给了法国。法国海军对其进行了改造，最终成功载人下潜至4176米的深海，又破了当时的深潜纪录。

　　送走了试水之作"FNRS-2"号之后，奥古斯特又建造了自己的第二艘深海潜艇，命名为"的里雅斯特"号，他的儿子雅克·皮卡德担起了挑战深海的重任。1960年，在美国海军的帮助下，雅克和海洋学家沃什乘"的里雅斯特"号潜入了马里亚纳海沟，创下了人类探索海洋的最深纪录。

　　1962年，奥古斯特·皮卡德这位曾上天入海的探险家去世。

奥斯曼帝国第一份世界地图
皮里·赖斯

皮里·赖斯又译作皮里·列伊斯（1465/70—1553 年），16 世纪奥斯曼土耳其帝国著名的海军将领、地理学家、地图师。

皮里·赖斯年轻时便跟随叔父凯马尔·列伊斯参加了奥斯曼土耳其帝国支持的私掠海盗活动（凯马尔是当时著名的海盗，后来成为奥斯曼海军将领）。在这期间，皮里参加了奥斯曼土耳其帝国针对西班牙、热那亚和威尼斯的许多海战，对地中海可谓了如指掌，并且在航海活动中积累了丰富经验，见识甚广。

1511 年，凯马尔·列伊斯遇海难身亡，皮里返回加里波利，开始从事航海地图的研究，1513 年他绘制出了奥斯曼土耳其帝国历史上第一份世界地图（其残片保存至今，亦是迄今为止现存最古老的美洲地图）。

1516 年，皮里再次加入奥斯曼土耳其海军。他参加了 1516—1517 年奥斯曼土耳其军队征服埃及的作战。1522 年，他参加了攻打罗得岛、对抗圣约翰骑士团的作战。

1547 年皮里荣升为奥斯曼土耳其帝国印度洋和埃及舰队司令，第二年他便从葡萄牙手中夺回了亚丁，1552 年又攻占了马斯喀特，此后还立下了不少战功。

1553 年，皮里以近 90 岁的高龄退役，返回埃及养老。后来因为拒绝支持巴士拉总督在波斯湾北部继续与葡萄牙人作

▲ [皮里·赖斯雕像]

战的计划，获罪而被斩首。

作为海军英雄，历史上有多艘土耳其战舰、潜艇以皮里·赖斯的名字命名。而令皮里名垂青史的主要还是其在地理、地图方面的贡献。他的代表作为《航海书》，除了对哥伦布和达·伽马的发现作了记述外，还包含了在地中海航行的指导手册，资料来自皮里本人的航海经验。他的著作其实是海战的蓝图，在后来的岁月里，《航海书》一书在奥斯曼土耳其海军航海中广泛使用。

第一个航海大数据采集人
马修·方丹·莫里

马修·方丹·莫里（1806—1873年），是美国著名的海洋学家、海军军官、水文学家，还是海洋学创始人之一。

受伤后只能离开热爱的舰船

马修·方丹·莫里1806年1月14日出生于弗吉尼亚州的弗雷德里克斯堡附近；1825年进入海军学校学习，18岁作为海军学校的学员加入了美国海军，直到1830年他完成了环球航行。他本是一位很有前途的美国海军军官，但1839年，在前往双桅船"合奏号"接受一个新任务时，他乘坐的马车突然滑出了车道，瞬间倾倒，把他抛到了空中。他重重地摔到了地上，大腿骨粉碎性骨折，膝盖也脱臼了。当地的医生帮他复位了膝盖关节，但大腿受伤过重，不得不进行手术。

1850年，莫里绘制了一幅海洋深度分布图，为铺设横跨大西洋的海底电缆创造了条件。

1855年，他出版了第一部海洋学教程《海洋自然地理》。该书在当时极受欢迎，但是因为莫里顽固坚持圣经中的说教，拒不考虑海洋的进化变迁，因而损害了这部书的价值。

1853年在布鲁塞尔召开了一次国际会议，而莫里是这次会议的积极倡导者。

▲［马修·方丹·莫里］

经过近3年的休养，他的伤才基本痊愈，但是受伤的腿却留下了残疾，变得有点儿跛，再也无法在海上工作。美国海军把他安排进了办公室，并任命他为海图仪器库的负责人。

主持海图仪器库工作期间

马修·方丹·莫里在主持海图仪器库工作期间，研究了大量航海图和航海日志，并绘制出大西洋风浪与风浪图，莫里专门研究了墨西哥湾流的运行路线（早在1769年木杰明·富兰克林曾对此做过研究）。他对湾流作了如下精辟的描述："大西洋中有河流。"莫里整合了数据之后，把整个大西洋按经纬度划分成了5块，并按月份标出了温度、风速和风向，因为根据时间的不同这些数据也有所不同。整合之后，这些数据显示出了有价值的模式，也提供了更有效的航海路线。

[美国海军军官学校徽标]

"安纳波利斯海军学院"位于马里兰州首府安纳波利斯，也就是美国海军军官学校，也称之为美国海军学院（United States Naval Academy，缩写 USNA），是爱国者联盟盟校之一。

学院的格言是"ex scientia tridens"，从字面上来翻译这句拉丁文的意思是"三叉戟是用知识铸造的"；三叉戟是希腊神话中海神波塞冬的武器，是海军力量的标志；因此，意译这句话的意思是"制海权来自知识"。2017 年 8 月，《福布斯》公布 2017 年美国大学排行榜，美国海军军官学校排名第 20。

> 莫里这个土生土长的弗吉尼亚人在美国历史上并不受关注，这也许就是莫里在美国内战期间不再为海军效力的主要原因。

大数据缩短了航行时间

莫里整理出一份全新的基于众多船长航海日志的粗略航海路线图，这张图带来的最大好处是给出了一些确定时间段内安全的航线，极大地减少了船队海上航行的冤枉路，从而缩短了航期。由纽约绕合恩角到旧金山的航行时间，从 180 天减为 133 天。莫里在观察风浪和海流运动方面走在了时代的前面，是气象预报方面的先驱者。1850 年他的航线图已为全球 95% 的商船所采用，这恐怕是最早的大数据应用了。

病毒式营销方式采集航海数据

为了获取更多的数据，莫里制作了标准的航海日志表格，发放给美国海军，要求他们在海上记录，并在返航后交回表格，这些数据采集还包括数量众多的商船，莫里让他们用自己的航海日志来交换新的航海路线图，参加莫里行动的船只还会悬挂特殊的旗帜，这可能是病毒营销的原型了。

美国内战结束

美国内战结束后，莫里受到牵连流亡墨西哥时，曾有一段时期企图联合马西米连诺一世皇帝共同建立一个弗吉尼亚人侨居地，后来莫里移居英国。一直等到 1868 年美国国内激烈的敌对情绪结束，莫里才返国，并接任了弗吉尼亚军事学院物理学教授的职务。

美国政府完全宽恕了他。在回国后长达 4 年的时间内，莫里仍然坚持自己头脑中固有的爱国主义观念。要是有机会的话，他也许早就把美国海军摧毁了。即使这样，今天在安纳波利斯美国海军学院，依然矗立着一座以他的名字命名的莫里纪念馆。1930 年，莫里被列入美国伟人纪念馆。

> 美国内战即南北战争，又称美国内战，是美国历史上一场大规模的内战，参战双方为美利坚合众国（简称联邦）和美利坚联盟国（简称邦联）。这场战争的起因为美国南部十一州以亚伯拉罕·林肯 1861 年就任总统为由而陆续退出联邦，另成立以杰斐逊·戴维斯为"总统"的政府，并驱逐驻扎南方的联邦军，而林肯下令攻打"叛乱"州。1865 年 4 月 3 日，联邦军攻克里士满。4 月 9 日，邦联军总司令罗伯特·李将军率部 2.8 万人向联邦军投降，美国南北战争以北方的胜利而告结束，美国恢复统一。

海洋科技人物

核动力海军之父

海曼·乔治·里科弗

海曼·乔治·里科弗（1900—1986 年），美国海军上将，被称为"核动力海军之父"。

里科弗是波兰裔犹太人，1900 年 1 月 27 日，出生于波兰华沙北部的一个偏僻村庄。后来随做裁缝的父母移民美国，定居芝加哥。18 岁那年，进入著名的美国海军军官学校学习。里科弗获得少尉军衔之后，主动要求到西海岸的水面舰艇部队任职。之后被选送到哥伦比亚大学工程学院进修，并获得该校电气工程专业的硕士学位。

1946 年初，美国海军派遣了一个由 5 名优秀技术军官组成的小组，前往核研究中心——田纳西州橡树岭学习核技术。已获得海军上校军衔的里科弗成为小组的负责人，在核研究中心的日子里，里科弗对核动力技术完全着了迷。每当遇到难题，他总是虚心地向各方面的专家请教，并与小组其他成员琢磨检验每一个研究项目，精心核算成千上万个数据。功夫不负有心人，在很短的时间里，里科弗就从一个技术军官变成为一位核工程专家。

建造核潜艇

1948 年，里科弗被任命为美国国家原子能委员会和海军船舶局两个核动力机构的主管，同时兼任核潜艇工程的总工程师。

▲ ［海曼·乔治·里科弗］

里科弗把核潜艇的建造基地放在了荒无人烟的内华达沙漠中。

要在较小的空间内设计安装全新的核反应堆，利用核裂变产生热量驱动蒸汽轮机发电，使潜艇能在水下长时间高速航行，就必须确保万无一失，里科弗坚持对反应堆的每个部件都进行抗高热、抗震动试验。

1952 年，核反应堆被安装在潜艇中。

1953 年，里科弗晋升为海军少将，同年，核反应堆开始满功率试验，持续工作，结果令人惊喜，没有发现任何致命性的损伤，标志着第一艘核动力潜艇已具备横渡大西洋的能力。

▲ ［"鹦鹉螺"号核潜艇］

"鹦鹉螺"号是以法国科幻作家凡尔纳的名著《海底两万里》中梦幻潜艇的名字命名，寓意这是一个让梦幻变成现实的伟大创举。该艇艇长 97.5 米，宽 8.4 米，水上排水量 3700 吨，水下排水量 4040 吨。

"鹦鹉螺"号开启核潜艇时代

1954 年 1 月 21 日，第一艘核潜艇"鹦鹉螺"号建成下水，"鹦鹉螺"号与当时的常规动力潜艇相比，航速大约快了一半。可在最大航速下连续航行 50 天、全程 3 万千米而不需要加任何燃料。

据美国统计，"鹦鹉螺"号在历次演习中共遭受了 5000 余次攻击。据保守估计，若是常规动力潜艇，它将被击沉 300 次，而"鹦鹉螺"号仅为 3 次，"鹦鹉螺"号展示了核潜艇确实具有无坚不摧的作战成力。此后，"鹦鹉螺"号实施了它的北极航行，闯出了一条冰下航线。

1959 年，里科弗晋升为海军中将。1973 年，里科弗晋升为海军上将，后来，美国总统干脆宣布他可以无限期服役。1982 年，81 岁高龄的里科弗才退役。

里科弗的最大贡献在于他实现了核动力装置小型化、实用化，并将它装设在排水量和体积都不大的潜艇上，使潜艇成为世界海军强国重要的水下战略打

▲ ［1959 年《时代》周刊封面人物——里科弗］

里科弗很不擅长和领导打交道，他顽固、暴躁、自高自大、冷酷无情，他藐视常规军舰，保守的海军将军们不喜欢他，甚至一心想把他赶出海军，但倔强的里科弗坚决不退役，并牢牢霸占美国海军核动力舰艇权威的位置，因此美国海军高层内部戏称他为"老贼"。

击武器。

在里科弗服役的 60 年里，他成功地把美国海军带进了领先世界的核时代，因此他被誉为美国的"核潜艇之父"。

近代海洋学奠基人之一
约翰·默里

约翰·默里（1841—1914年），英国海洋学家、博物学家、近代海洋学奠基人之一。

约翰·默里1841年3月3日出生于加拿大的科堡，毕业于爱丁堡大学。从1868年起从事海洋生物学研究。

默里一生主要从事海洋探险考察工作和海洋生物的研究工作，尤其对海底结构、海底矿床和珊瑚礁的形成很有研究，被称为近代海洋学奠基人之一。

1872年默里参加由汤姆森领导的"挑战者"号探险队，去北极探险，他对北极附近的扬马延岛和斯匹次卑尔根群岛进行了广泛的考察。利用探险队装备的各种各样的海洋研究仪器，默里在绘制海图和对海洋生物的调查研究方面做出了重要贡献。此外他还搜集了大量海洋生物标本，这些标本后均被陈放在爱丁堡，并引起了国际海洋生物学界的注目。

1882年"挑战者"号探险队队长汤姆森逝世后，默里组织出版了《挑战者探险队科学考察成果报告》，全书共50卷。1895年他还领导了对苏格兰海域的生物考察工作。

1898年默里被封为爵士，此后他又参与了苏格兰湖和大西洋海域的探险。1914年3月16日默里逝世于苏格兰西洛锡安郡的克尔克里斯顿。

默里是把海洋浮游生物研究与海洋渔业调查紧密结合的先驱；他对珊瑚礁进行了深入研究，特别是对有关环礁和堡礁的成因提出了独创的见解；发现了温度假潮现象等。主要著作有《珊瑚礁和珊瑚岛的结构与成因》（1880）、《海洋深度》（与约尔特合著，1912）、《海洋》（1913）等。

▲ ["挑战者"号科学考察船]

"挑战者"号为三桅蒸汽动力帆船，船长68.9米，2300吨级，由皇家海军军舰改装而成，共有243名船员、6个科学家参加，由汤姆森爵士领导，是人类历史上首次综合性的海洋科学考察。

大陆漂移学说的创立者
阿尔弗雷德·魏格纳

　　阿尔弗雷德·魏格纳（1880—1930年），是德国气象学家、地球物理学家、天文学家，更是大陆漂移学说的创始人。

▲ [阿尔弗雷德·魏格纳]

阿尔弗雷德·魏格纳出事不久，德国的一艘科学考察船就从大西洋回国，带来了一个消息，在大西洋中间存在一条很长的洋中脊，那里有巨大的裂谷。他们希望魏格纳找到解决大陆漂移动力问题的办法，或许洋底的移动就能提供大陆漂移的线索。可惜他与这个消息永远地隔绝了。

　　1880年11月1日魏格纳出生于德国首都柏林，1910年提出"大陆漂移学说"，1912年得到证实，他也被后世称为"大陆漂移学说之父"。

　　1910年，德国气象学家魏格纳躺在病床上，百无聊赖中，他的目光落在墙上的一幅世界地图上，他惊奇地发现，大西洋两岸的轮廓竟是如此相对应，特别是巴西东端的直角突出部分，与非洲西岸凹入大陆的几内亚湾非常吻合。自此往南，巴西海岸每一个突出部分，恰好对应非洲西岸同样形状的海湾；相反，巴西海岸每一个海湾，在非洲西岸都有一个突出部分与之对应。

　　这位青年学家的脑海里突然掠过这样一个念头：非洲大陆与南美洲大陆是不是曾经贴合在一起，也就是说，从前它们之间没有大西洋，是由于地球自转的分力使原始大陆分裂、漂移，才形成如今的海陆分布情况的？

　　带着这种猜疑，魏格纳开始验证自己的设想。他作了一个很浅显的比喻。他说，如果两片撕碎了的报纸按其参差的毛边可以拼接起来，且其上的印刷文字也可以相互连接，我们就不得不承认，这两片破报纸是由完整的一张撕开得来的。

　　通过实地考察，结果令人振奋：北美洲纽芬兰一带的褶皱山系与欧洲北部的斯堪的纳维亚半岛的褶皱山系遥相呼应，暗示了北美洲与欧洲以前曾经"亲密接触"；美国阿巴拉契亚山的褶皱带，其东北端没入大西洋，延至对岸，在英国西部和中欧一带又出现；非洲西部的

2亿年前

9000万年前

5000万年前

现在

▲ [魏格纳的大陆漂移学说]

古老岩石分布区（老于20亿年）可以与巴西的古老岩石区相衔接，而且二者之间的岩石结构、构造也彼此吻合；与非洲南端的开普勒山脉的地层相对应的，是南美的阿根廷首都布宜诺斯艾利斯附近山脉中的岩石。

1915年，魏格纳出版了《大陆与大洋的起源》一书，书中详细阐述了他的看法。

大陆漂移学说以轰动效应问世，震撼了当时的科学界，却很快在嘲笑声中销声匿迹。有人开玩笑说，大陆漂移学说只是一个"大诗人的梦"而已。因为这一假说难以解释某些大问题，如大陆移动的原动力、深源地震、造山构造等。

魏格纳想要再次证明自己的假说，1930年，魏格纳第三次深入格陵兰岛考察气象，不幸长眠于冰天雪地之中，年仅50岁，他的遗体第二年夏天才被发现。

▲ [柏林市中心的魏格纳纪念牌]

发现"泰坦尼克"号的海洋地质学家
罗伯特·巴拉德

罗伯特·巴拉德是当代美国杰出的海洋科学家，参与过超过 120 次的深海探险考察。作为开发和使用深海潜水器的先驱，他认为人类应该把更多的目光聚焦在占地球 72% 面积的海洋上。

罗伯特·巴拉德出生在美国堪萨斯州，小时候，他非常崇拜《海底两万里》中的尼莫船长。他也像尼莫船长一样，经历了无数次海底探险，把一生都献给了海洋探险。

罗伯特·巴拉德是世界上"最伟大的海底探险家"之一，半个世纪以来，他孜孜不倦地探索着海底世界。他因发现"泰坦尼克"号残骸而声名远扬，当时他正在执行美国海军一项秘密任务。

▲ ［罗伯特·巴拉德］

发现"泰坦尼克"号

1985 年，巴拉德在执行美国海军交给他的一项秘密任务：寻找冷战期间消失在大西洋的两艘核潜艇——"蝎子"号和"长尾鲨"号。作为掩护，此次行动对外宣称是搜寻"泰坦尼克"号。

巴拉德的"鹦鹉螺"号科研船行驶在土耳其和希腊之间的海域时，在监控器上面出现了一个小黑点，然后慢慢地靠近变大，全体船员充满期待地用 2400 瓦电力照亮海底世界。巴拉德在监控器上看到一艘古船残骸及其装载货物，而这艘船就是闻名世界的"泰坦尼克"号。

原本只是作为幌子，没想到真的找到了"泰坦尼克"号。

"泰坦尼克"号的发现，使巴拉德名声大噪。

发现 1.8 米长的管虫

1977 年，作为海洋地质学家，巴拉德和同伴们乘潜水器来到加拉帕戈斯裂谷，试图找出海底山脉受到张力变形的

▲ ["泰坦尼克"号遗物]

2012 年是"泰坦尼克"号巨轮沉没 100 周年的纪念日，美国纽约格恩西拍卖行一次性拍卖了这艘沉船的 5500 多件遗物。

原因。他们找到了原因，但更重大的发现不是那些高品质矿藏，而是在热液口附近生存的大量的、远远超出人类想象力的奇异生物。从 1.8 米长的管虫到硕大的蛤蜊，还有为这些大型生物提供能量来源的细菌，所有这些都从未在人类的教科书上出现过。

发现无损的古老木船

巴拉德的另一个重要发现，是在黑海发现了一艘完好无损的古老木船。之前没有人相信，木头长期泡在水中可以保存完好，直至 2000 年。"在其他任何海域，你不可能看到 1500 年前沉入海底的一根木质船杆，"巴拉德说，"海里到处是凿船虫，它们吃掉了'泰坦尼克'号的甲板，我们此前在任何海域发现的任何沉船，都没有木头。然而奇迹却在黑海发生。"

巴拉德并不介意人们称他为"发现'泰坦尼克'号的人"，但他强调，科学是"我们"，而不是"我"。"我"什么也没做，但"我们"做了很多。巴拉德说："如果有人问我，你最伟大的发现是哪一次？我会说，下一次。"

▼ [扬帆起航的"泰坦尼克"号]

1912 年，号称"永不沉没"的"泰坦尼克"号从南安普敦起航。

现代水下呼吸器的发明者
雅克·伊夫·库斯托

雅克·伊夫·库斯托（1910—1997年），世界公认的"潜水之父"，此外还被誉为"世界公民""环保斗士"。

1910年6月，库斯托出生于法国西南部的纪龙德省。他生性喜欢冒险，少年时比较顽皮，17岁时，因打破多块学校玻璃，被校方开除了。此后，他进入法国海军军官学校学习飞行，在一次致命的车祸中他的胳膊严重受伤。后来他不得不转学到了海军部，为了恢复受伤的手臂，库斯托开始学习游泳。

▲ [雅克·伊夫·库斯托——《时代》周刊封面]
雅克·伊夫·库斯托一生共留下了100多部纪录片，50多本书，介绍他的探险经历，普及海洋知识。

发明呼吸器

1937年，经过长期锻炼后，他的两只胳膊终于都恢复了健康，但他的右胳膊还是有轻微的弯曲，成了他终生的遗憾。

不过，在游泳的过程中他对海洋产生了不小的兴趣。他想知道怎样才能使人类在水下长时间活动。

以前的潜水者会配备装满浓缩氧气的罐子，但到了一定深度氧气就会变成毒气。为了能使人长时间在更深的水下活动，库斯托用了一个防毒面具、内置软管和一个氧气瓶进入水中进行实验，一次地重复，失败，再改进，再失败，再改进……实验使库斯托确信浓缩空气是比纯氧气更好的选择。

1942年12月，库斯托和液态空气工程师爱米尔·加朗合作完成了两项发明：水肺和单人潜水器。在潜水史上，这两项发明具有开创性意义，它使得"蛙人"能潜到大海深处去，库斯托也实现了在水下长时间活动的理想。

呈现海底的色彩

库斯托背着自己的发明进行了数百次的潜水，水下异常美丽的景色令他欣喜若狂，他决定要分享这种美丽并采取了切实的行动——他在摄像机外面安装了一个防水容器，外接照相机用的胶片，并用一个晾衣绳来调整防水容器中的镜头。

1956 年库斯托拍了一部深海题材的长纪录片《沉默的世界》，在当年的戛纳电影节上引起轰动，这是人类历史上第一次以清晰逼真的图像、绚丽夺目的色彩，向公众展示了一个人类完全陌生的海底世界。评委一致同意，首次将金棕榈奖颁给一部纪录片。

《沉默的世界》使库斯托的事业走向辉煌，片约纷至沓来。20 世纪六七十年代，库斯托正当盛年，他在蓝色的海洋里辛勤耕耘，拍摄了 60 多部精美绝伦的电影：《沉默的世界》《通过水下 18 米》《活跃的大海》《没有阳光的世界》……每一部都沉淀着他多年来在潜水领域的努力。

▲ ［《沉默的世界》］

雅克·库斯托家族是一个从事保护海洋工作的家族，雅克·伊夫·库斯托在 20 世纪 50 年代至 70 年代制作和主持了 60 多部关于海洋的纪录片，在几代人眼中，他是海洋探索者的代名词，是引领他们爱上大海的父亲一样的人物。而库斯托家的孩子们，也几乎是下意识地选择了做海洋保护工作，库斯托这个姓几乎成为海洋探险家族的代称。

海洋环保者

一个真正爱海的人，海洋便是他的生命。日趋严重的海洋污染，让库斯托感到痛心疾首。

库斯托把大海和海洋生物看作"人类的朋友"，早在 1960 年，他就向戴高乐总统进言，要求他下令禁止往地中海倾倒含放射性物质的工业废料。

1985 年，库斯托已经 75 岁，他有了名气，也拥有巨额财富。然而这位不知疲倦的斗士让自己全身心投入到保卫海洋、保护人类的生存环境之中。他发动并起草了"为了后代人的宣言"，征集了 500 万人的签名，意图让联合国出面

虽然库斯托的纪录片可能没有影响到中国的观众，但他曾经来到过中国——在年轻时，他曾随军舰到上海驻扎过一年，后来也没有忘记中国，在他女儿黛安很小的时候，就让她学习中文。1996 年，他的纪录片拍摄组曾来到中国，在《重新发现世界系列》中，拍摄了《沿着黄河穿越中国》。

进行保护海洋的工作。虽然结果并不尽如人意，但是他的这种对海洋环保的炽热之心，赢得了世人的尊重。

1997 年 6 月 25 日，库斯托心脏病发，与世长辞。为纪念这位伟大的人物，墨西哥总统将科尔特斯海中的一座岛屿更名为"雅克·库斯托岛"。

"阿尔文"号载人深潜器发明者
哈罗德

1986 年 7 月，"阿尔文"号 12 次下潜至"泰坦尼克"号沉没处进行水下机器人试验并对"泰坦尼克"号残骸进行了拍照，因此登上了美国《时代》周刊的封面。"阿尔文"号的主要设计者哈罗德才被提起。

哈罗德，1922 年 7 月生于美国明尼苏达州最大的城市明尼阿波利斯，哈罗德从小对新鲜事物非常好奇，在离哈罗德家不远处有个圣安东尼瀑布，当地人利用瀑布的水能锯木，哈罗德总想知道，为什么水能带动大锯……由此哈罗德对机械传动产生了浓厚的兴趣，经常自己在家捣鼓各种小机械，后来因为成绩优秀考上了华盛顿大学，学习航空航天机械技术。

毕业后，哈罗德先是在明尼苏达州通用食品公司担任机械师，在 20 世纪 50 年代哈罗德进入了伍兹霍尔海洋研究所，这是他的人生转折点，哈罗德在研究所专注于航空研究，用于开发精密军事装备；同时哈罗德作为一名工程师，也一直致力于技术创新，如油导航浮标电源和医疗设备外科订书机……

使哈罗德成名的是对"阿尔文"号深海潜艇的研发设计和改进，"阿尔文"号是目前世界上最著名的深海考察工具，于 1964 年正式建成，至今仍在服役，被大多数人称作"历史上最成功的潜艇"。该潜艇隶属于美国伍兹霍尔海洋研究所，可以搭载 3 人（1 位驾驶员、2 位观察员），能够进入世界上 98% 的海底探测，最深可达 6500 米。

哈罗德的研究领域很广，到 2007 年已经拥有 17 项专利发明，2011 年，他的名字被写入《明尼苏达发明家名人堂》。

▲ ["泰坦尼克"号载人深潜器]

1985 年，"阿尔文"号找到"泰坦尼克"号沉船的残骸，如今已经进行过近 5000 次下潜，是当今世界下潜次数最多的载人潜水器。

第一条大西洋海底电缆的铺设者

威廉·汤姆森

威廉·汤姆森（1824—1907年），是世界闻名的理论和实验物理学家，他不仅在电磁学和热力学方面贡献杰出，且在工程应用上同样做出了重要的贡献。他主持了历经10年、施工艰难的大西洋海底电缆工程，功勋卓著，在人类通信史上建立了一座丰碑。

威廉·汤姆森1824年6月26日出生于爱尔兰的贝尔法斯特。他从小聪慧好学，10岁时就进入格拉斯哥大学预科学习。17岁时曾立志："科学领路到哪里，就在哪里攀登不息。"

1846年汤姆森被聘为格拉斯哥大学自然哲学教授，自然哲学在当时是物理学的别名。汤姆森担任教授53年之久，直到1899年才退休。1904年他出任格拉斯哥大学校长，直到1907年逝世。

1851年第一条海底电缆成功在英、法之间的多佛尔海峡铺设，这条电缆比较短，全长30千米。因为在当时电缆太长的话，信号减弱很严重。1855年汤姆森研究电缆信号的传播情况，得出了信号传播速度减慢与电缆长度平方成正比的规律。1856年他主持铺设横跨大西洋海底的电缆，历经10年安装成功，建立了全球性的远距离通信网络。由于装设第一条大西洋海底电缆有功，英政府于1866年封他为爵士，并于1892年晋升为开尔文勋爵，开尔文这个名字就是从此开始的。

▲ ［威廉·汤姆森］

威廉·汤姆森是热力学温标的发明人，被称为热力学之父。

▲ ［海底电缆］

秘鲁寒流的发现者
亚历山大·冯·洪堡

亚历山大·冯·洪堡（1769—1859 年），他是 19 世纪科学界最杰出的人物之一，常被称为气象学、地貌学、火山学和植物地理学的创始人之一，他也是世界最强大的一支寒流——秘鲁寒流的发现者。

▲ [亚历山大·冯·洪堡]

洪堡大学门口雕像：亚历山大·冯·洪堡，他的哥哥是柏林洪堡大学创立者威廉·冯·洪堡。

亚历山大·冯·洪堡 1769 年 9 月 14 日出生在柏林的一个贵族家庭，是家里的次子，兄弟二人从小都很有天赋和才华。哥哥威廉因为更安分一些深得家里长辈的喜欢，亚历山大则爱到处游玩，母亲认为他这是不学无术，经常逼他在家忍受寂寞的时光。10 岁那年，洪堡失去了父亲。母亲操起了家里的大权，她对兄弟俩都寄予厚望。

18 岁时，洪堡考入柏林的法兰克福大学学习经济，但他的兴趣实在太广泛了，期间不断地转学，在柏林大学期间他自学了希腊文并开始研究植物学；在哥廷根大学，洪堡学习了物理、语言学、考古学，拜著名动物学家、解剖学家巴赫为师，结识了远航归来的地理学家福斯特，彻底激发了他对自然科学的兴趣。洪堡最后毕业于萨克森弗莱矿业学院，他的学习经历非常复杂。毕业后，洪堡被任命为普鲁士弗朗科尼亚矿区的检查员。

1796 年，这是洪堡最悲伤也最关键的一年，这一年他的母亲病逝，给他留

海洋科技人物

秘鲁寒流大海洋生态系是世界上一个重要的上升流系统，全世界每年渔业捕捞量的18%～20%来自该生态系。由于海水上泛带来了大量的硝酸盐、磷酸盐等营养物质，促使浮游生物大量繁殖，为鱼类提供了丰富的饵料，因此秘鲁沿岸成为世界著名渔场之一——秘鲁渔场。

世界上以洪堡命名的事物不计其数，包括洪堡企鹅等100多种动物；洪堡香蕉兰等300多种植物；洪堡寒流；北美有4个洪堡郡、13个洪堡镇；月球上有洪堡陨星坑和洪堡海，还有绕着太阳运行的第54号洪堡小行星。至于世界各地的山峰、河流、瀑布、冰川、海湾、洼地等以洪堡命名的就更多了。

洪堡对于东方的文化，尤其是中国的文化有极高的评价。他赞美中国古代天文工作者的勤劳和细心，并以古代所记的日食、流星、彗星为例。他通过比较中国和希腊、罗马关于陨石的记载，发现从公元前7世纪到公元333年在中国历史上有16个记载，而希腊和罗马同时期却只有4个。

下了一大笔遗产。次年，洪堡辞去了工作，开始周游世界，考察研究。不久后，洪堡打算前往美洲考察，但那里受西班牙的辖制，洪堡就觐见了西班牙国王，以勘探新矿源的目的获得了西班牙皇家特许护照。同年，洪堡乘"毕查罗"号前往美洲，踏上了伟大的旅程。期间他考察了奥里诺科河、亚马孙丛林、安第斯山脉，还攀登了钦博拉索山，他与邦普朗一起攀登至5878米，打破了人类登高纪录，这一纪录后来保持了29年之久。

1799年，洪堡一行乘船北上，途中他发现了一股洋流，洪堡将它称作"秘鲁寒流"，也就是现在的"洪堡海流"，它是西风漂流在南美洲西岸转向北而形成的，沿南美洲西岸自南向北流，约在南纬8°附近折向西行，然后汇入南赤道暖流。

从1808年起，洪堡留居巴黎整理资料，先后计达21年。期间出版了大量著作。1817年，他根据前人和自己所测定的世界各地温度，第一个绘制了全球等温线图，因此使同纬度各地的气候得以互相比较，大陆气候和海洋气候的差别才因此得以显示。1859年5月6日，洪堡在柏林逝世。

现代潜艇之父
约翰·菲利普·霍兰

约翰·菲利普·霍兰（1841—1914年），他研制了世界上第一艘可以实战的潜艇。

潜艇的发展经历了一个漫长的过程。早期的潜艇只能采用人力推进，在军事上用途有限。随着工业革命的深入发展，蒸汽机被应用到了潜艇上，装上了蒸汽机的潜艇机动性大大增强。

1841年2月29日，霍兰出生在爱尔兰的利斯凯纳镇。1856年，家境贫寒的霍兰进入一所学校学英语，3年后又进入一所中等学校读书。毕业后从事教学工作。在从事教学工作过程中，霍兰对在当时尚属于新鲜事物的潜艇产生了兴趣，并开始了设计工作。1873年，霍兰辞去了教师工作，带着他设计的一些潜艇图纸到了美国，他把图纸交给了当时的美国海军，但后者很快发现不可行。

▲ ［约翰·菲利普·霍兰］

▲ ［约翰·菲利普·霍兰——纪念邮票］
票面上是霍兰的头像，背景则是"霍兰－1"号潜艇，该邮票发行于2006年。

失败是成功之母
霍兰没有在挫折面前退却，经过3年的研究，将他的第一艘潜艇送下了水。这艘潜艇被命名为"霍兰－1"号，但由于水下航行时汽油发动机所需空气的问题没有解决，潜艇一潜入水下，发动机就停止了工作。

1881年，霍兰的第二艘潜艇建造成功，命名为"霍兰－2"号潜艇，解决了发动机所需要空气问题和潜艇的稳定问

▲ [约翰·菲利普·霍兰——纪念银币]

2014年潜艇发明家约翰·菲利普·霍兰逝世100周年，爱尔兰发行了该枚纪念银币，为爱尔兰法定货币，为圆形精制银币，净重28.28克，成色92.5%，直径38.61毫米，面额15欧元，限量铸造10 000枚。其正面图案为爱尔兰竖琴设计，环刊国名及发行年号2014字样；背面图案为发明家约翰·菲利普·霍兰正在绘制的即将完成的潜艇"荷兰"号图纸，环刊约翰·菲利普·霍兰英文字样，并刊面额。

▲ [1900年，即将下水的"霍兰"号潜艇]

通用动力电船公司（简称EB），现总部位于康涅狄格州格罗顿，为美国海军建造潜艇已有超过百年的历史。其最初由德裔美国著名富商、发明家伊萨克·赖斯于1899年在新泽西州伊丽莎白港附近创建，最初主要是为了将霍兰的潜艇设计实用化而建立。

题。同时，他还在这艘潜艇上安装了一门气动发射炮，使潜艇可以在水下发射一枚1.83米长的鱼雷。

这艘潜艇下潜时，不是靠增加重量，而是用下潜舵（水平舵）来保持深度；上浮时，利用少量贮备浮力上浮。这一设计在潜艇发展史上被认为是一个重要的里程碑。

开启潜艇时代

1893年，霍兰参加了在美国海军中举行的潜艇设计大赛，并一举夺魁。在1895年获得制造一艘潜艇的订货单，为此美国海军向他支付15万美元。

1897年5月17日，霍兰制造出一艘长约15米，装有33千瓦汽油发动机和蓄电池为动力的传奇式潜艇，这就是"霍兰-6"号，这也是他一生中设计建造的最后一艘潜艇，这艘潜艇取得了前所未有的成功，被公认为"现代潜艇的鼻祖"。1900年4月，美国海军购买了这艘潜艇，并将其命名为"霍兰"号（这是美国海军历史上的第一艘潜艇），并很快订购了6艘同型潜艇。

"霍兰"号的成功很快在世界范围内形成了轰动效应，英国海军很快邀请霍兰帮他们设计了"霍兰－1"号潜艇，该艇于1901年进入英国皇家海军服役，成为英国的第一艘潜艇，日本海军很快也仿制出了类似的型号。

霍兰设计的潜艇成为现代潜艇的鼻祖，开创了人类的潜艇时代。

世界上第一艘现代气垫船的制作者
科克莱尔

科克莱尔的心里一直珍藏着一个理想：制作一艘快速行驶的船。他明白，飞机的速度快，是因为飞机飞行在空气中，阻力较小；船舶行驶速度慢，是因为它行驶在水面上，阻力较大。所以他想，如果能造一艘脱离水面、腾空行驶的船，那它一定能跑得很快。

◀ ［现代气垫船］
气垫船是利用高压空气在船底和水面（或地面）间形成气垫，使船体全部或部分垫升而实现高速航行的船。气垫是用大功率鼓风机将空气压入船底下，由船底周围的柔性围裙或刚性侧壁等气封装置限制其逸出而形成的。

1950年，40岁的科克莱尔爱上了造船。于是辞掉了原有工作，同妻子一起创办了一家小型造船公司。这时，科克莱尔脑海里所考虑的是怎样才能造出速度更快的船。

力进行实验。结果，靠排气而产生的升浮效果令他非常满意。接着他制造了长约0.5米的模型船，在河里进行实验，也获得了成功。它的原理与现今实用气垫船的原理是完全相同的。

吹风机作动力进行实验

科克莱尔认为船速提不高的原因是船底与水面间的摩擦所产生的阻力。经过反复的研究，他发现如果用空气作为船与水之间的"气垫"就有可能减小摩擦，从而提高船航行的速度。科克莱尔把这一设想具体化，他在空的猫食罐头上装一空的咖啡罐，用吹头发的吹风机作动

获得了专利权

科克莱尔准备把自己的发明出售给企业家，但都遭到拒绝。理由非常有趣，船舶制造商认为它是飞机而不是船舶。不过，英国研究开发公司总经理哈尔斯培利却独具慧眼，他预见到了气垫船的重要性，帮助科克莱尔获得了专利权。科克莱尔加入NEDC公司，开始正式制

造一艘长 9.1 米、宽 7.3 米的气垫船。这艘气垫船顺利地穿过了英吉利海峡，成为世界上第一艘实际航行的气垫船。

受到英国政府的重视

1956 年冬天，科克莱尔把这艘简陋的气垫船提供给英国政府，希望得到政府的支持。

英国政府对科克莱尔的发明十分重视。

1959 年 5 月 28 日，由科克莱尔设计制造的世界上第一艘可用于载人的气垫船"SRN-1"号在英国诞生，并于 6 月 11 日在英国政府大厦中厅的地毯上做了首次公开表演。发动机启动后气垫船缓慢地升起，并向前漂移。

之后，科克莱尔研制出第一艘时速达 40 千米的载人气垫船。他和他的同事驾驶这艘气垫船，从法国的加来港起航，只用了 2 小时零 3 分，就横跨了英吉利海峡，抵达英国的多佛尔港，一时间引起了巨大的轰动。

已成为重要的水上交通工具

气垫船刚被发明出来的时候，曾被人称为"三不像"交通工具。如今，气垫船制造技术更为先进，它已成为重要的水上交通工具。目前，世界上大型的气垫船可载客 1000 人，时速达到了 300 千米。

20 世纪 60 年代，英国的数家厂商生产了数种商用气垫船，用来提供横渡英伦海峡的渡轮服务。后来由于燃料价格上升，英伦海峡的气垫船慢慢被取代。

19 世纪 70 年代，英国工程师 John Isaac Thornycraft 爵士曾以地效的原理造过数个接近气垫的模型，并注册了一些专利，但是没有实际的应用。

▲ [俄罗斯 Zubr 级气垫登陆艇]

俄罗斯 Zubr 级气垫登陆艇由圣彼得堡"阿尔马兹（Almaz）"中央设计局造船股份公司设计建造，全长 57.4 米，艇宽 22.3 米，据说是世界上最大的气垫军舰。据北约有关报道称，从 1986 年以后俄罗斯建造了 10 艘 Zubr 级气垫登陆艇。

最早有记载的气垫船设计由瑞典哲学家斯威登堡于 1716 年提出。他的设计是由人力把空气吹入气垫。当时并没有把实物造出，可能是大家都知道人力不可能产生足够的浮力。

芬兰工程师 DI Toivo J. Kaario 是 Valtion Lentokonetehdas（VL）飞机引擎车间的首席审查员，他在 1931 年开始设计气垫船只。他建造和测试了名为 pintaliit5aj5a 的表面滑翔机，并得到它在芬兰的专利权 18630 号和 26122 号。Kaario 虽然被认为设计和制造了第一只气垫船，但他的发明并没有得到充足的资金以便进一步的发展。

其他海洋人物

Other Marine Figures

《中国印度见闻录》
苏莱曼

《中国印度见闻录》是阿拉伯人最早关于中国、印度的游记，阿拉伯文抄本全书共 2 卷，851 年汇集，880 年续成。

《中国印度见闻录》（又名为《苏莱曼东游记》）是中世纪阿拉伯人苏莱曼所著的最早关于中国和印度的旅游记。

原著为阿拉伯文抄本，根据唐代来华的阿拉伯商人苏莱曼等人的见闻所撰，851 年汇集，880 年续成。该书是先于《马可·波罗游记》约 4 个半世纪问世的关于远东的一部最重要的著作。

全书分为 2 卷。卷 1 根据法国索瓦杰 1948 年的阿拉伯文、法文对照本译出，分为 2 部分：

1. 叙述阿拉伯商人从波斯湾经印度洋和马六甲海峡到中国沿途航线上所见的港湾、岛屿、居民、风物、货币、交

作为与大唐比肩的阿拉伯帝国，同样拥有着强大的实力，而苏莱曼作为阿拉伯商人，来到中国，对此时的大唐的所见所闻具有非同一般的史料价值。

▲ [棉花]

古代著名的阿拉伯旅行家苏莱曼在其《苏莱曼东游记》中记述：在今北京地区所见到的棉花，还是在花园里被作为"花"来观赏的。

易方式等自然和社会情况。

2. 广泛叙述印度诸邦、中国皇帝以及两国的城市、官制、司法、税收、物产、交易、交通、军队、婚姻、宗教信仰等社会和自然概况，取名为"关于印度、中国及其国王的情况"。

卷2是根据日本滕本胜次的日译本译出，分为3部分：

1. 记述中国唐代黄巢举兵反叛朝廷，攻陷、洗劫广州城，杀害当地居民与外籍客商，以及中国皇帝求助回纥王派兵平乱等有关情况。

2. 记述巴士拉城一个名叫伊本·瓦哈卜的穆斯林晋见中国皇帝时的情景：一同观看皇帝收藏的一些画像。

3. 分别讲述了关于爪哇城故事、中国见闻续记、印度见闻数则、印度诸王的传说等专题。

全书内容丰富，资料翔实，反映了一些基本历史事实。本书自18世纪以来，曾有多种语言的译本问世，为东西方学者所广泛引用。

▲ [《苏莱曼东游记》]

20世纪30年代刘半农父女曾合译此书，题名为《苏莱曼东游记》，译自法、日2种译本的《中国印度见闻录》，内容更加完整、充实，为中华书局中外关系史名著译丛之一。译者在原注基础上增加了若干中译者注，对读者更有裨益。

根据苏莱曼的记载，当时在大唐有一种"名贵植物"，满眼雪白的造型，摸起来手感更是十分柔软，唐代达官显贵的人以拥有它而自豪，但说出来比较可笑，据称这种植物原是"棉花"。

在同时代阿拉伯人的记录中，最能体现大唐风采的，当数曾经垄断东方海洋的中国海上贸易。至于大唐强到什么程度？以苏莱曼的说法，大唐的船只结构非常复杂，而且船体十分巨大，以至于好些唐朝大船来到阿拉伯地区，因港口太浅根本开不进来，但到了海洋上，优势就体现出来，多大的风浪都敢闯，而且坐在唐朝大船上，就像在平地上一样。

济民海上　护佑渔民

林默

妈祖，是人们对海上保护神的亲昵称呼。妈祖，原名林默，世人尊称为林默娘，莆田县湄洲岛人，生于宋太祖建隆元年（960年），本是我国宋代一位道德高尚、人所钦佩的杰出女性。

▲ ［妈祖雕像］

妈祖是莆田望族九牧林氏后裔。妈祖的祖父是莆田人林孚，官居福建总管。父亲是莆田人林愿（惟悫），宋初官任都巡检。

妈祖的大名林默，在千年的岁月变迁中，不仅没有销声匿迹，而且成为人们耳熟能详的"千秋不朽""万古流芳"、（梁启超题天后宫联句）泽被苍生的天上圣母。妈祖的出生地、身世、生平事迹，虽然在地方文献记载中有一些逐步的演变发展，但是丝毫不能影响她是莆田市在海内外最有影响的一个历史传奇性人物。

生长在大海之滨的林默娘

宋太祖建隆元年（960年）农历三月二十三日，林默诞生于福建莆田湄洲岛。她的父亲叫林惟悫（音同却），曾任都巡检，统兵驻防福建沿海地区。林姓在福建莆田地区是名门望族，据说林默是唐代望族九牧林氏的后裔。林默出生时"一声不哭"。父母见小女儿如此恬静，就给她取名为"默"。

随着年龄增长，林默更显示出不凡

在林默出生之前，父母曾朝夕焚香祝天，就在这个孩子即将要出生前的傍晚，众人看见流星化为一道红光从西北天空射来，晶莹夺目，异彩纷呈，奇光照耀得岛屿上的岩石都透出了颜色。

▲ [泉州南门天后宫]

之处。她不仅通晓天文气象，而且还熟习水性。湄洲岛与大陆之间的海峡有不少礁石，在这海域里遇难的渔舟、商船，常常得到林默娘的救助，因而人们传说她能乘席渡海。她还会测吉凶，必会事前告知船户可否出航，所以又说她能"预知休咎事"，渔民们称她为"神女""龙女"。

987年，在一次海上救援中，林默不幸遇难，年仅28岁。莆田乡民悲恸不已，都不愿相信"龙女"罹难。于是，就有人说林默并非遭遇不幸，而是羽化成仙，成为海神，继续在"天上"保佑着他们平安顺利。

泉州南门天后宫，又称温陵圣庙，是莆田湄洲妈祖祖庙较早的分灵庙之一。也是我国现有建筑规格较高、规模较大、年代较早、影响也较为深远的妈祖庙。天后宫最早建于宋朝庆元二年（1196年）。根据《泉州府志》记载，这座庙最早叫作顺济宫，乾隆二年（1737年），乾隆批准了允珣请求加封妈祖为"天后"的奏折，将妈祖封为天后，这座宫庙也随之升格为天后宫了。

传说妈祖每次在海上救难后，都要给每位遇险者一碗热气腾腾、芳香扑鼻的兴化寿面，吃后不但会驱寒暖身，而且能逢凶化吉。久而久之，兴化寿面即被称为"妈祖平安面"，闻名遐迩，成为保佑平安吉祥的首选食品。每逢亲友来访、寿诞喜庆、逢年遇节、家人团聚，都要吃"妈祖平安面"，以求吉祥如意、平安幸福。

▲ [1998 年中国人民银行发行的妈祖纪念币]

清朝历史学家赵翼记下了一个很有趣的闽南、台湾的妈祖传说。若遇海难向神明呼救时，称"妈祖"，妈祖就会立刻不施脂粉来救人。若称"天妃"则妈祖就盛装打扮，雍容华贵地来救人，所以会很晚才到。故海上都称"妈祖"，不敢称"天妃"，希望妈祖立刻来救海难中的渔船。

台湾关于妈祖的传说，大概都是妈祖用裙摆挡下第二次世界大战的美军空投炸弹，也有妈祖让孩童起死回生等传说。

在台湾民间流传着这样一段传说：传说神界的单身贵族大道公（保生大帝）与妈祖曾有一段友谊史，保生大帝得道后见妈祖端庄贤淑，便展开追求攻势，共同谱下一段"友情"。一日，妈祖乍见母羊产子之苦，毅然慧剑斩情丝与保生大帝断绝往来，大帝无端被拒绝，拉不下面子，非常懊恼，乃在妈祖诞辰（农历三月二十三日）过境时施法下雨，淋洗妈祖脸上脂粉，让她也体会没面子的感受。妈祖不甘示弱，也在保生大帝诞辰（农历三月十五日）神驾出巡时作法刮风，要吹落大帝头上的帽子。因此每逢妈祖诞辰便经常下雨，而保生大帝诞辰则常会刮风，此即民间气象谚语"大道公风，妈祖婆雨"的由来。

因林默救世济人，泽被一方，被朝廷赐封，沿海人民也将她尊为海神，立庙祭祀。后因灵异非常，屡显灵于海上，渡海者皆祷之，被世人尊为天上圣母，庙宇遍布全球 28 个国家和地区。

妈祖由民间神提升为官方的航海保护神

妈祖信仰从产生至今，经历了 1000 多年，起初作为民间信仰，后来成为道教信仰，最后成为历朝历代国家祭祀的对象，它延续之久，传播之广，影响之深，都是其他民间信仰所不曾有过的。历代皇帝的尊崇和褒封，使妈祖由民间神提升为官方的航海保护神，而且神格越来越高，传播的面越来越广。由莆邑一带走向五湖四海，达到无人不知、无神能替代的程度。

妈祖文化体现了汉族海洋文化的一种特质。历史上宋代出使高丽、元代海运漕运、明代郑和下西洋、清代复台定台，这一切都体现海洋文化的特征。汉族民间在海上航行要先在船舶起航前祭妈祖，祈求保佑顺风和安全，在船舶上立妈祖神位供奉。这就是"有海水处有华人，华人到处有妈祖"的真实写照。而影响所及，妈祖由航海关系而演变为"海神""护航女神"等，因此形成了海洋文化史中最重要的汉族民间信仰崇拜神之一。

有学者研究指出，妈祖是从中国闽

越地区的巫觋信仰演化而来，在自身发展过程中吸收了其他民间信仰，进行糅合，并随着影响力的扩大，又纳入儒家、佛教和道教的因素，最后逐渐从诸多海神中脱颖而出，成为闽台海洋文化及东亚海洋文化的重要元素。

妈祖自北宋开始神格化，并受人建庙膜拜，复经宋高宗封为灵惠夫人，成为朝廷承认的神祇。妈祖信仰自福建传播到浙江、广东、我国台湾，以及琉球、日本、东南亚（如泰国、马来西亚、新加坡、越南）等地，天津、上海、南京以及山东、辽宁沿海均有天后宫或妈祖庙分布。2009年10月，妈祖信仰入选联合国教科文组织人类非物质文化遗产代表作名录。

妈祖生平有许多传说

在历史的长河中，妈祖对中华民族做出了巨大的贡献，比如：宋代护国庇民，元代漕运保泰，明代使洋护航，清代协助定台，现代成为海峡和平女神。妈祖为国为民的功绩在楹联中也多有反映。如莆田平海天后宫楹联："一勺泉甘，实济云屯万旅；半袍浪湿，克清日孽全台。"

妈祖羽化成仙后，依旧造福一方百姓，在渔民、海商、游客有难时，向天空呼喊妈祖，妈祖会第一时间显灵，并会为海上遇难的百姓解难，为渔民护航，福泽天佑，因此有众多关于妈祖显灵的

▲ ［妈祖金像］

在民间有众多关于妈祖生平的传说，比如：菜屿长青、祷雨济民、挂席泛槎、化草救商、降伏二神、解除水患、救父寻兄、恳请治病、收伏二怪、窥井得符、妈祖诞降、湄屿飞升、驱除怪风、收伏晏公、收高里鬼、铁马渡江。

还有众多关于妈祖显灵的传说。比如：甘泉济师、佑助收艇、澎湖助战、托梦建庙、圣泉救疫、神女搭救、神女救船、保护使节、天妃神助、庇佑漕运、官员脱险、庇佑致胜、使节脱险、旱情解难、神助修堤、神助擒寇、神助宋师、护助剿寇。

农历三月二十三日是妈姐诞辰。不知怎么回事，每到那一天，必然下起雨来，所以俗称"妈祖雨"。

传说神话。

《天后志》中记载的有十五则，《天妃显圣录》中记载的有十六则。

西班牙称霸海洋的起点

伊莎贝拉一世

伊莎贝拉一世（1474—1504 年在位），她利用与阿拉贡王国继承人斐迪南的婚姻促成了两国共主联邦，促进了西班牙的统一。同时她资助了哥伦布远航，凭借美洲殖民地源源不断的黄金供应，使西班牙成为以后百余年间的世界霸主。

伊莎贝拉出生于 1451 年，她的父亲是卡斯蒂利亚国王胡安二世，母亲是一名精神病患者。在她 3 岁那年，父亲过世，皇位由她的哥哥恩里克四世继承，她被迫和母亲、弟弟阿方索一起，被迁往阿雷瓦洛的一个城堡里居住。由于恩里克四世的暴政，贵族们抬出了伊莎贝拉与之对抗。最后双方达成和议，停止内战，全体贵族都必须宣誓效忠恩里克四世，伊莎贝拉则成为王位继承人，但规定她的婚事必须得到王兄的批准。

十分有心计的伊莎贝拉找到了阿拉贡的王子斐迪南，并与他私订终身。然而她的皇帝哥哥却要她嫁给葡萄牙的国王阿丰索五世。最终伊莎贝拉通过阿拉贡国的军事影响，迫使她的哥哥不得不同意了她的婚事。

那时候还没有西班牙王国，整个西班牙的版图主要分为几个王国：卡斯蒂利亚、亚拉冈、莱昂、格拉那达、那瓦尔、阿拉贡等。而伊莎贝拉和丈夫斐迪南结婚后，统治着卡斯蒂利亚和阿拉贡的大片江山。在他俩共同统治的 25 年间，东征西讨，征服了许多小国，1492 年 2 月，

▲ [伊莎贝拉一世]

生活中的伊莎贝拉一世，高贵而素雅，总是穿一身白色的衣服，以"白衣女王"之名闻名于世。

斐迪南和伊莎贝拉取得了彻底胜利，建立了统一的西班牙王国。

资助哥伦布

被葡萄牙驱逐的航海家哥伦布找到了伊莎贝拉女王，希望她资助自己出海远航。当时西班牙国内资金短缺，伊莎贝拉拿出自己的私房钱给予其资助，并

册封哥伦布为将发现土地的总督。

　　1492 年，哥伦布发现新大陆，给西班牙带来了广阔的未来空间。此后一个世纪，西班牙依靠广阔的海外领地和源源不断的黄金输入，确立了世界霸权。

建立强悍的海军舰队

　　源源不断的资金支持，使伊莎贝拉有了建立强大海军的支柱，而且因为远

▲ [格拉纳达向斐迪南和伊莎贝拉一世献城池]

1492 年 1 月 2 日，格拉纳达的摩尔人献出城池。欧洲所有天主教教堂钟声长鸣。这一天，被视为天主教徒的历史性胜利，标志着阿拉伯人被驱逐出欧洲。这一事件被认为是整个基督教世界的胜利，伊莎贝拉和斐迪南因此被教皇加上了"天主教国王"的桂冠。

征探险需要大量船只，所以西班牙的造船工业迅速发展起来，西班牙也建立了世界一流的船队。

　　在她之后，西班牙依靠强大的海军称霸海上。

　　1571 年西班牙舰队在勒班陀海战中大败奥斯曼帝国舰队，赢得"无敌舰队"的称号。

　　1581 年西班牙吞并葡萄牙，实力更加强大，成了名副其实的海上霸主。

　　而这一切都源于伊莎贝拉英明的决策，她的统治对日后的西班牙影响巨大，被认为是世界上最伟大的帝王之一。

▲ [伊莎贝拉一世与哥伦布——纪念邮票]

开创大航海时代的始作俑者

英国女王伊丽莎白一世

伊丽莎白一世（1533—1603年），名叫伊丽莎白·都铎，是都铎王朝最后一位君主，经过近半个世纪的统治后，使英格兰成为欧洲最强大的国家之一。

伊丽莎白于 1533 年 9 月 7 日出生在伦敦的普莱斯提亚宫，她是英王亨利八世和他的第二个王后安妮·博林唯一幸存的孩子，在她出生时就被指定为王位继承人，她同父异母的姐姐玛丽（后来的玛丽一世）成为她的服侍者。但后来的发展并未能让她顺利继承王位。

1536 年 5 月 19 日，伊丽莎白 3 岁时，她的母亲安妮·博林被判叛逆罪处死。伊丽莎白被宣布为私生女，从"伊丽莎白公主"变成了"伊丽莎白·都铎小姐"。

1537 年，亨利八世和他的第三个王后简·西摩生了一个男孩：爱德华（后来的爱德华六世）。

伊丽莎白和姐姐玛丽一起沦为了爱德华六世的侍女。1547 年，爱德华六世继位，由于他年纪尚幼，政权落在以新教徒为主的摄政议会中。这个时期，伊丽莎白的继承人地位比较稳定，但在爱德华六世末期，他任命表亲简·格雷为继承人，将伊丽莎白和玛丽都排除在外。1553 年 7 月，玛丽在爱德华六世死后，废黜了简·格雷成为英格兰女王。玛丽是一个虔诚的天主教徒，她逼迫作为新教徒的伊丽莎白改信，1553 年末，托马

伊丽莎白一世是英国历史上最杰出的君主之一。

▲ [伊丽莎白一世]

伊丽莎白一世自己说：如果她选择了外国王子，他会让英国无法保持中立的外交政策（如姐姐玛丽一世和西班牙国王腓力二世的婚姻）；嫁给一个英国人会加剧宫廷内的宗派斗争。可见这是一个为了大英帝国贡献一生的女人。

▲ [玛丽一世]

玛丽一世（1516—1558年），英格兰和爱尔兰女王，她是都铎王朝的第四任君主，丈夫是西班牙国王腓力二世。即位后在英格兰复辟罗马天主教，下令烧死了300名反对人士，被称为"血腥玛丽"（Bloody Marry），Bloody Marry在英语中后来成为女巫的同义词。

▼ [德雷克受封]

伊丽莎白一世册封德雷克为骑士。

斯·怀逸以拥立伊丽莎白之名叛乱，伊丽莎白遭到牵连，被投入伦敦塔2个月，后来被释放，但被软禁在一处庄园中。由于玛丽一世婚后长期无子，不得不接受伊丽莎白为自己的合法继承人。1558年11月17日，玛丽一世逝世，伊丽莎白终于登上王位。

周旋婚姻与政治间

伊丽莎白一世终身未婚，因此也获得了"童贞女王"的美名。

自古皇室的婚姻，一般都与政治势力有关，而伊丽莎白一世也是如此。当时欧洲最强大的国家是法国和西班牙。而两国的君主都知道作为英国女王的伊丽莎白一世的价值。最先展开行动的是她的姐夫西班牙国王腓力二世，他不仅想娶女王为妻，还想让女王改变自己的宗教信仰。因当时的西班牙的实力强大，她只能小心斡旋，礼貌地拒绝了腓力二世的求婚。法国也不甘示弱，得知女王婉拒了西班牙国王的求婚后，上到国王下到大公纷纷都向女王求婚。她没有直接拒绝法国，让世人以为她只是还没做出决定。

为了让英国有时间发展壮大，她一直用暧昧的态度应付这些婚约请求，除去政治因素，她未婚还有情感原因，她当时倾心于一位叫莱斯特的伯爵。当莱斯特伯爵生病时，她甚至亲自去服侍他。即便如此，她仍没有同莱斯特伯爵步入婚姻的殿堂。

对于伊丽莎白一世来说，或许保持独身是一种称心如意的生活方式。假如她结婚的话，她就得和丈夫分享统治权，但是她对于"英格兰女王"这个称号的热爱使她舍不得让别人分一杯羹。与平凡的家庭生活相比，她更喜欢独掌大权，并最终跻身于英国历史上最杰出的君主之列。她热衷于向世人宣布："我嫁给了英格兰。"

起用海盗发展海上势力

伊丽莎白一世时期，英格兰在政治上由君主专政向议会制转化，封建经济形态中萌发了资本主义，并开始向国外扩张，海上霸权开始建立，在南方与北非、西非国家发展商业往来，在东方恢复了

▲ [都铎家族族徽]

▲ [斯图亚特家族族徽]

英国都铎王朝（1485—1603 年），是在亨利七世 1485 年入主英格兰、威尔士和爱尔兰后，所开创的一个王朝，统治英格兰王国及其属土周围地区。

都铎王朝处于英国从封建主义向资本主义过渡时期，被认为是英国君主专制历史上的黄金时期。

斯图亚特王朝初名为斯迪瓦特王朝，是 1371—1714 年间统治苏格兰和 1603—1714 年间统治英格兰和爱尔兰的王朝。

与地中海地区的贸易往来，同印度等建立了贸易关系。

1600 年，伦敦商人在女王的支持下成立了"东印度公司"。该公司享有对好望角以东的国家特别是印度进行贸易的垄断权。

文化上实行开明宽容的政策，鼓励文学发展，涌现了一批如莎士比亚、弗朗西斯·培根为代表的著名人物。

军事上，随着西班牙日益成为英国海外扩张的主要敌人，伊丽莎白一世纵容弗朗西斯·德雷克、沃尔特·雷利和汉弗莱·吉尔伯特等海盗，并授予他们私掠证（实际上就是被允许的海盗行为），这也促进了英国航海业的发展。同时这些私掠活动给英国带来了巨大的财富，使英国国力日渐强盛，并在北美洲建立了殖民地，1588 年，英国皇家海军在英吉利海峡击败了西班牙无敌舰队，开始跨入海上强国的行列。

甄选继承人

由于伊丽莎白一世终身未婚，没有子嗣，有王位继承权的是她的表侄女即苏格兰女王玛丽一世与她的表外甥女凯瑟琳·格雷夫人。

对此犹豫不决的伊丽莎白一世逐渐老去，晚年时所剩的继承人已不多，她逐渐倾向于她的侄孙——苏格兰女王玛丽一世的儿子苏格兰王詹姆士。

在还没来得及宣布继承人时，1603 年伊丽莎白一世死于伦敦的里士满王宫。

伊丽莎白一世的死结束了都铎王朝的统治，她的继承人是詹姆士一世，至此都铎王朝被斯图亚特王朝取代。

伊丽莎白一世被认为是英国历史上最杰出的君主之一。在她当政期间，经济上繁荣昌盛，文学上璀璨辉煌，军事上一跃成为世界首屈一指的海上强国。在她生活的时代英国国王不是名义上的角色，英国黄金时代所取得的成就中很重要的一部分应归功于她。

▲ [汉弗莱·吉尔伯特]

汉弗莱·吉尔伯特爵士，英国军人、航海家、探险家和海盗、纽芬兰的征服者，英国国会议员。

玛丽·斯图亚特即苏格兰女王玛丽一世，是苏格兰的统治者和法国王后，最知名的苏格兰君主之一，和英格兰女王玛丽一世是表姑侄女关系。1568 年因国内叛乱逃亡英格兰，伊丽莎白一世认为玛丽图谋染指英格兰王位并对她造成了威胁，因此囚禁了她 18 年之久。

名扬世界的中国女海盗
郑一嫂

看过《加勒比海盗3》的朋友想必记得，里面有一个穿着明朝服饰的中国海盗，她并非虚构，而是一位隐没在中国历史中，却扬名海外的女海盗——郑一嫂。

郑一嫂出生于1775年，原姓石，乳名香姑，也被称为郑石氏，其娘家和夫家均为海盗世家，她的丈夫郑一是珠江口红旗帮首领，而且胸怀大志，一直致力于将珠江口的各股海盗势力统一为以他为盟主的六旗联盟，而郑一嫂堪称贤内助，自始至终参与其事，海盗们尊称她为"龙嫂"。1807年六旗联盟成立不久，郑一在一场强台风中坠海身亡，郑一嫂继承了他的事业。

据传说，后来鸦片战争爆发时，郑一嫂还曾为林则徐抗击英军出谋划策，她的事迹还于20世纪80年代被香港电影人搬上了银幕。

▲ [张保仔和郑一嫂画像]
嘉庆皇帝赐婚，准予张保仔、郑一嫂结为合法夫妻。

颁布了非常严厉的法令

郑一死后，郑一嫂成为红旗帮的首领，但是她的地位并不稳固，她马上通过加强船队的组织纪律性来树立她的权威。为此，她颁布了一些非常严厉的规定。如凡胆敢擅自专权或是违背上级命令者，立斩不赦；任何窃取公共财物或是在乡民中盗窃者，也以死罪论处；任何人不

明末珠江口就有著名的郑、石、马、徐四姓海盗横行，康熙收复台湾后，郑家部分残兵流向珠江口为盗，珠江口海盗逐渐由原来的四姓演变为红、黄、蓝、白、黑、紫六旗帮。

得私自藏匿未经检验的战利品。其他犯规者也会受到严惩，如开小差或是未经许可擅自缺到者，将受到割耳之刑，而后便在本股弟兄面前示众；如强奸妇女者，将被处死；如男女私通者，男的斩首，女的腿绑重物沉入大海。

在郑一嫂领导红旗帮期间，有一个人不得不提，他就是郑一的义子张保仔。张保仔出身渔民家庭，15 岁那年在一次随父出海时被郑一掳走，后来郑一赏识他精明能干、嘴巴乖巧，就收为义子。郑一死后，精明能干的张保仔帮助郑一嫂迅速掌握了红旗帮并维持了六旗联盟，两人也日久生情。

善于借鉴先进技术

红旗帮在郑一嫂、张保仔的经营下，全盛时有船只五六百艘，海盗三四万人，他们以香港大屿山为基地，在香港岛有营盘和造船工厂。郑一嫂的队伍不仅纪律严明，而且也很善于借鉴西方的先进技术，红旗帮使用的武器大多是千方百计弄到手的洋货。有一次，跟英国战船交火后，郑一嫂认真观察对手遗留的弹头，发现英国人发射的是最新研制的 24 磅（1 磅为 0.4536 千克）炮弹，几个月后，她的船队便装备了这种新式大炮。

郑一嫂和张保仔所领导的红旗帮装备之精良跟大清水师相比都不相上下，因此不仅屡败官军，甚至取得重创葡澳舰队（其中有美国雇佣兵）且把澳门围困得几近断粮的辉煌战绩。面对英国舰船在中国的水域内横冲直撞，郑一嫂还在 1809 年痛击了广州内河的英国船只，俘获 1 艘英舰，斩杀数十名英国士兵，令英军震惊。

在清政府针对红旗帮的围剿时期，红旗帮在郑一嫂、张保仔的指挥下，连续打败了前来围剿的官军，战果辉煌。在浙江海面，他们打死了浙江水师提督徐廷雄；在香港大屿湾，灭掉了清水师战船 20 多艘，生擒广东水师提督孙全谋；他们还进逼广州，打死虎门总兵林国良，迫使两广总督频频换人。

在这期间，澳门葡萄牙人曾会同清朝水师，组成中葡联军，围剿红旗帮，一度将红旗帮的主力船队封锁在大屿山，历时 8 日。但红旗帮如有神助，张保仔算准风向与潮汐，与郑一嫂一起集结大船 300 艘、火炮 1500 多门、部卒 2 万，突然发作，海面炮矢横飞，无人敢撄其锋，于是扬长而去。

有一位名叫格拉斯普尔的英国富商曾被红旗帮绑架，从而耳闻目睹了红旗帮海盗的日常生活等，在被赎回并返回英国后，他写了一本回忆录，将郑一嫂的事迹公之于众，引起了西方社会对郑一嫂的强烈关注，并将她誉为东方海盗王。

招安并与养子成婚

后来，六旗联盟因为郑一嫂不肯改嫁给黑旗帮老大郭婆带而导致分裂。清政府趁机采取"怀柔政策",黑旗帮作为六旗联盟的第二大帮投降了,大大削减了郑一嫂和张保仔的力量。迫不得已之下,红旗帮也开始寻思着接受招安。当时一个叫周飞鸿的澳门医生与张保仔很有交情,他受两广总督张百龄之托劝红旗帮投降,郑一嫂和张保仔也颇为意动。

清朝的招安条件虽说很宽,但有一条是不能免的,就是招安时海盗们需下跪。红旗帮海盗一向看不起清军,让他们向昔日的手下败将下跪,很难接受。双方陷入僵局。

关键时刻显出了郑一嫂的巾帼豪气,她决定亲自前往广州,直接与两广总督张百龄谈判,而且不带任何武器。1809年4月17日,郑一嫂不顾众人的反对,带了一个由17名妇女儿童组成的代表团亲赴广州面见总督。在谈判中,郑一嫂坚持应该保留一队帆船,不过目的不是用于打仗,而是用于"食盐贩卖"。对于张百龄的所有其他提议,她一概漠然处之,直到最后张百龄屈服于她的要求为止。

当然,作为一个精明的谈判者,她也适当做出了让步,同意张百龄提出的方案:由皇帝赐婚,准予张保仔、郑一嫂结为合法夫妻,郑一嫂、张保仔跪拜谢恩,这也算跪拜接受招安了。

招安后,张保仔封三品官,后来升为二品官,郑一嫂授诰命夫人。郑一嫂还在38岁高龄时为张保仔生了一个儿子。道光二年(1822年)张保仔病死于任上后,郑一嫂带着儿子回了南海县定居,在鸦片战争期间,郑一嫂还积极为林则徐出谋划策,抗击英军。道光二十五年(1845年)五月,郑一嫂的命妇衔被朝廷追回而成为平民。

▲ [郑一嫂装配新式大炮的船]

诺曼底公国建立者
罗洛

罗洛横行于法兰克北部海岸，由于身材过于高大没有办法骑马，到任何地方都得步行，经常被人称为"步行者罗洛"之称。911 年，他强迫法国国王查理三世签订了《圣·克莱尔－苏尔－埃普特条约》，获封公爵，并划定封地，才起了法名罗洛。

罗洛约在 860 年出生于挪威贵族家庭，父亲是罗格瓦尔。他长得四肢短粗，大腹便便，举动笨拙，好像粗蠢的工头一样，不过罗洛显然不像他的外表那样愚蠢和滑稽，他是一名称职的海盗，一个出色的海上掠夺者。

885 年，罗洛在法兰克福称帝，成为当时丹麦维京海盗的首领。此后几年之间，以罗洛为首的丹麦维京人在法国沿海大肆抢掠，让法王查理三世大为头疼，他调动军队抵御罗洛的攻击，在夏尔特尔附近与罗洛作战。从表面上看，战争呈僵持状态，双方不分胜负，但是查理三世无法把罗洛率领的海盗军队驱逐出法国，只能接受他们存在的现实。

911 年，罗洛与查理三世协商停战，查理三世认罗洛为其封臣，并拥有部分疆土。在查理三世与罗洛签订的协定中，把纽斯特里亚的部分地区划归给罗洛（即

▲ [罗洛雕像]

现在的诺曼底一带），同时授予他诺曼底公爵的称号。作为交换条件罗洛发誓信奉基督教，采用法语，放弃其海上骚扰行动，其军队也改为法兰克式的骑兵不再从事海战。罗洛的封地成了海盗们的天堂，大量来自北欧的维京人来此定居，逐渐形成了诺曼底公国。

诺曼底公国在 11 世纪成为西欧封建制度高度发展的国家之一。

创建世界上第一座海洋博物馆的国王

阿尔贝一世

阿尔贝一世（1848—1922 年），摩纳哥公国亲王。从青年时代起就对海洋学产生了浓厚的兴趣，于是把特许开设赌场获得的大笔收入用于海洋科学研究。1906 年建成巴黎海洋研究所，1910 年建成摩纳哥海洋博物馆。

▲ [邮票上的阿尔贝一世和他的探险船]

阿尔贝一世绘制出了世界上第一幅由 24 页组成的千万分之一比例的世界海洋深度图。

▲ [邮票上的摩纳哥海洋博物馆]

邮票上的摩纳哥海洋博物馆建筑以及航海地图。

阿尔贝一世于 1848 年生于巴黎，1870 年参加法国海军。他从青年时代起就对海洋学产生了浓厚的兴趣，1873 年，他买下了"燕子"号考察船，对地中海进行了为期多年的科学考察。自 1885 年至第一次世界大战爆发期间，他同世界上许多科学家一起进行了 28 次远洋考察，搜集了无数海洋动植物标本。阿尔贝一世把一生都献给了海洋研究，被誉为海洋学的创始人之一。

阿尔贝一世身边聚集了一大批科学家，他们的研究形成了一门以国王为先驱的新的学科——海洋学。科学家们在各种探险考察中带回大量的标本和样品，有许多标本至今还保存在摩纳哥海洋博物馆。

摩纳哥海洋博物馆位于摩纳哥王宫附近，建成于 1910 年，在阿尔贝一世发起创建这个博物馆时，就强调了博物馆的科学性。他曾说："我打开摩纳哥海洋博物馆，并将它移交给进行科学研究的人们。通过国家具有开拓性的发展，摩纳哥将成为世界海洋研究中心。"

▲ [摩纳哥海洋博物馆展出的"美人鱼"标本]

女骗子促成世界警界的第一次大会

　　1913 年的一天，阿尔贝一世亲王在摩纳哥著名赌城蒙特卡洛的赌场中，见到了一位让他心仪的绝色美人。

　　亲王顿时被她迷住了，频频发起攻势，美女成了阿尔贝一世亲王城堡的贵客，能够在此自由出入。但是没过几日，亲王的贵重珠宝等财物都消失了！被骗了感情和财物的阿尔贝一世感到非常愤恨。而摩纳哥为数不多的警察对这些骗子是无能为力的，况且这些骗子可能已经到了第三国，或者第四国。

　　在调查中，阿尔贝一世还得知他的豪华赌场已经越来越频繁地被国际大盗、骗子光顾，而这些来自欧洲各国的骗子们往往能够轻而易举地骗过摩纳哥警察。

　　摩纳哥亲王联合奥地利警方负责人约翰·斯库博，由摩纳哥出资，召集各国警务精英，一起讨论这起案例，共商解决之法。这也史无前例地促成了"第一次国际刑警大会"的成功召开。

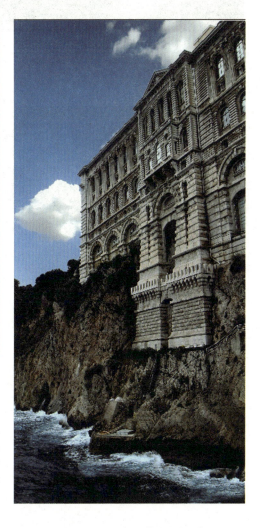

▶ [崖壁上的摩纳哥海洋博物馆]

摩纳哥海洋博物馆是一座白色石头建筑，矗立在濒临地中海的一座悬崖上，宏伟壮丽。整个建筑高 87 米，长 100 米，连同地下室共有 3 层。博物馆大楼巧妙地镶嵌在巨大的岩石之间。二楼正面是一排 8 米高、用整块石头雕成的白色石柱。

▲ ["燕子"号考察船模型]

曾为世界海洋学做出过卓越贡献的阿尔贝一世用过的"燕子"号考察船。这艘快艇曾搜集了大量海洋动植物标本，为筹建海洋博物馆打下了基础。

▲ [摩纳哥海洋博物馆大厅]

热爱海洋的阿尔贝一世站在快艇上乘风破浪的塑像立在大厅中央。头顶上是一群跃起的鱼。如此别具一格的大厅，简直就是海洋的化身。

摩纳哥海洋博物馆的建筑别具一格，馆内一切展品都会使人联想起大海，所有雕塑品及装饰物都以海洋动物的形态展现在人们面前。博物馆大门上面雕塑着神话中的人鱼公主和海神、海兽及海鱼，电灯的吊架被制成水母或其他海洋动物的形状。大门入口处立有阿尔贝一世站在快艇上破浪前进的塑像。

摩纳哥海洋博物馆是国际海洋学会会址，是召开国际性海洋学研讨会的重要场所。

摩纳哥海洋博物馆拥有世界上最大的珊瑚礁：在 400 立方米水池中有鲨鱼、大鳐鱼、众多的热带鱼和活珊瑚可供观赏。还拥有世界上独一无二的鲨鱼礁湖。博物馆共有 90 个大水池，放养着超过 4000 只的各种海洋动物。

《海权论》
阿尔弗雷德·马汉

鉴于马汉对美国海军战略的重要影响，富兰克林·罗斯福总统曾说：马汉是"美国生活中最伟大、最有影响的人物之一"。

▲ ［阿尔弗雷德·马汉］

阿尔弗雷德·马汉是美国历史学家、海军军官。他发现人类在海上的机动性超过了陆地。他在研究了英帝国长期称霸世界的历史后，于 1890 年出版了《海权对历史的影响》一书，提出了"海洋中心"说。

马汉认为，商船队是海上军事力量的基础；海上力量决定国家力量，谁能有效控制海洋，谁就能成为世界强国；要控制海洋，就要有强大的海军和足够的海军基地，以确保对世界重要战略海道的控制。马汉的《海权对历史的影响》一书在美国再版了 30 多次，并在全世界广泛流传。马汉也被后人公认为是海权论的鼻祖。他的突出贡献在于对海权这一概念的创建和廓清，经受了时间的考验，体现了巨大的理论价值，对当时的世界和后世历史均发挥了重要的作用。可以说，马汉是一个顺应时代而起又推动了时代发展的伟人。

马汉也强调海洋军事安全的价值，认为海洋可保护国家免于在本土交战，而制海权对战争的影响比陆军更大。马汉的海权论对日后各国政府的政策影响甚大。美国总统西奥多·罗斯福控制中美洲的"巨棒政策"就是以马汉理论为基础的。直到

阿尔弗雷德·马汉（1840—1914 年）。马汉的思想深受古希腊雅典海军统帅地米斯托克利及政治家伯里克利的影响，主要著述有《海权对历史的影响》《海权对法国革命及帝国的影响，1793—1812》《海权的影响与 1812 年战争的关系》《海军战略》等。1914 年 12 月 1 日因心脏病发作，逝世于华盛顿海军医院，享年 74 岁。

冷战结束后美国在亚太地区的部署都以马汉理论为原型。

马汉有关海权的理论著作有 20 多部。马汉明确表示，他的海权论是要为美国的外交和军事战略提供理论基础，并公开称"强权即公理"。马汉曾任美国总统西奥多·罗斯福的海军顾问，他的理论成了美国海军发展和海上扩张的理论根据。第一次世界大战后，美国成为世界上最强的海权国家。第二次世界大战结束时，美国完全控制了太平洋，把太平洋当作自己的"内湖"。冷战结束后，美国在海外仍有 700 多个军事基地，4 个作战舰队，13 个航空母舰战斗群，各型舰艇 468 艘。

直至今天，强大的海权仍是美国全球战略的基础，马汉的海权思想仍深深影响着美国和世界上许多政治家和军事家。

用文字拯救自然

蕾切尔·卡森

蕾切尔·卡森（1907—1964 年），是一位伟大的作者，著有"海洋三部曲"、《惊奇之心》和引起世界环境保护运动的巨著《寂静的春天》，她用文字拯救和唤醒了人类对自然的关注。

1907 年 5 月 27 日，蕾切尔·卡森出生于宾夕法尼亚州斯普林达尔的一个农民家庭，1929 年毕业于宾夕法尼亚女子学院，1932 年在霍普金斯大学获动物学硕士学位。毕业后先后在霍普金斯大学和马里兰大学任教，并继续在马萨诸塞州的伍德豪海洋生物实验室攻读博士学位，但由于 1932 年她父亲去世，母亲要人赡养，经济条件不允许她继续攻读博士，只得在渔业管理局找到一份兼职工作，为电台专有频道撰写科技文章。不甘平凡的人，都有着不一样的人生。1936 年，卡森通过严格的考试筛选，成为渔业管理局第二位受聘的女性。

广播稿需要通俗的语言，描写轻松易懂的场景，而卡森的文字被认为太有文学性，不能作为广播稿使用，于是卡森把这些稿件投到杂志社，本来无心插柳之事，居然改变了她的人生。出版社建议她整理出书。卡森除了要赡养母亲，还考虑到姐姐刚去世了，需要抚养 2 个姐姐的孩子，出书多少也能获得些收入，

▲ ［蕾切尔·卡森］

于是她的第一本书《海风下》就这样面世了。

海洋三部曲

1941 年出版的《海风下》虽然颇受科学家的好评，但销量很少，因为当时的人们未对海洋有着足够的重视。

或许是源于职业的关系，卡森越来越关注环境问题，探讨环境保护的方法，比如过度捕鱼可能导致海洋生活资源枯竭，造成海洋生物链断裂；过量地抽取河水会造成水资源缺乏，而引发一系列严重的后果。1951 年，卡森出版了《我们周围的海洋》一书，这本书引起了广泛的关注，销量出奇的大，获得了自然图书奖，并使卡森获得了两个荣誉博士学位。

由于经济情况得到保障，1952 年卡森辞职开始专心写作，1955 年完成第三部作品《海的边缘》，又成为一本畅销书，被改编为纪录片并获奥斯卡奖。

卡森的书籍虽然包含科学理念，但是却非常浪漫而文学化。比如在卡森的少儿读物《惊奇之心》一书的开头，她这样描述大海："一个狂风暴雨的夜晚，她将一岁零八个月大的罗杰裹在毯子里，冒着雨跑到幽暗的海滩上，大浪在远方轰轰涌来，他们：一个是生平第一次面对大海狂野躁动的幼儿，一个是半生里对大海怀着深情挚爱的中年女子，一起快乐地大笑，那是他们共享的兴奋时光。"

1962 年，卡森的《寂静的春天》在美国出版。书中描写的那个没有飞鸟、蜂鸣、蝴蝶的静悄悄的小镇，一下子攫住了读者的心。这本书将"寂静的春天"的罪魁祸首直指农药滴滴涕（DDT）。她怀疑，DDT 进入食物链，导致一些食肉和食鱼的鸟儿接近灭绝。

当时的 DDT，不仅是农药，人们甚至认为 DDT 是人类的救星。认为 DDT 不仅可以提高农作物产量，杀死害虫，治病疟疾，在战争时期，为了防治疟疾，甚至直接向士兵身上喷洒 DDT。面对卡森的质疑，社会各界对此反应不一，农药制造商万分震怒；环保人士拍手称快，而对于政治家，时任美国总统的肯尼迪则下令彻查农药问题，1962 年后，美国联邦和各州从杀虫剂的毒性方面出发，通过了数百条法律和法规。1972 年，

▲ ［DDT 的喷洒记录 – 撒丁岛］

对于生活在 20 世纪 40 年代的孩子来说，最充满生活情趣的事莫过于摇动装满 DDT 的喷雾机的摇泵，喷雾所到之处，虫子在劫难逃。幼小的儿童就在喷雾中呼吸，走在落满死虫子的地上，偶尔恶作剧地向小伙伴喷射一下。由此可见，社会上对于 DDT 的使用已经到了不可想象的程度。

DDT 又叫滴滴涕，是 20 世纪上半叶为防止农业病虫害、减轻疟疾伤寒等蚊蝇传播的疾病危害而使用的一种农药。

DDT 最早是由欧特马·勒德勒于 1874 年首次合成，但是这种化合物具有杀虫剂效果的特性却是 1939 年才被瑞士化学家米勒所发觉，他于 1948 年因在研制 DDT 方面做出了卓越的贡献而获得了当年的诺贝尔生理学奖。

DDT 最终在美国被禁用。

1964 年 4 月 14 日，卡森因乳腺癌不幸逝世，时年 56 岁。在《寂静的春天》再版时，美国前副总统阿尔·戈尔在前言中这样写道："《寂静的春天》播下了新行动主义的种子，并且已经深深植根于广大人民群众中……她的声音永远不会寂静。她惊醒的不但是我们国家，甚至是整个世界。"